金星人ミルトンの「女神革命」本番！

今度はわが家に「女神?!」がやってきた!?

胡桃のお（Cumi-n）
小笠原英晃 インタビュー

今、地球では、陰で人間をロボット化する準備が進んでいる。だから、これを使って正しい情報が取れるようにしておけ。

このプレート（FTW）をできるだけ多くの人に広めていくことが大事。

私が何の説明もしなくても、ミルトンさんは勝手にプレートの上に乗って「充電完了！」「これは電子洗脳されないためだ！」などと言って自分のエネルギー補給のためにプレートを肌身離さず使っていて、それを見ていた私も「あぁ、やっぱり宇宙人から見たらエネルギーが高いものはすぐわかるんや!!」と思わず納得したのです。

ミルトンさんがFTWプレートと同じように
エネルギー補給源として使っていた「ビーワン・トリニティー」についてご紹介したいと思います。
ビーワン・トリニティーの一番の特徴は、使う人の意識と反応することです。
つまり、健康維持・回復や自然界の環境浄化だけでなく、人の意識の浄化にも役立つようにつくられているのがビーワン・トリニティーで、そのため「意識触媒」という言い方をしています。

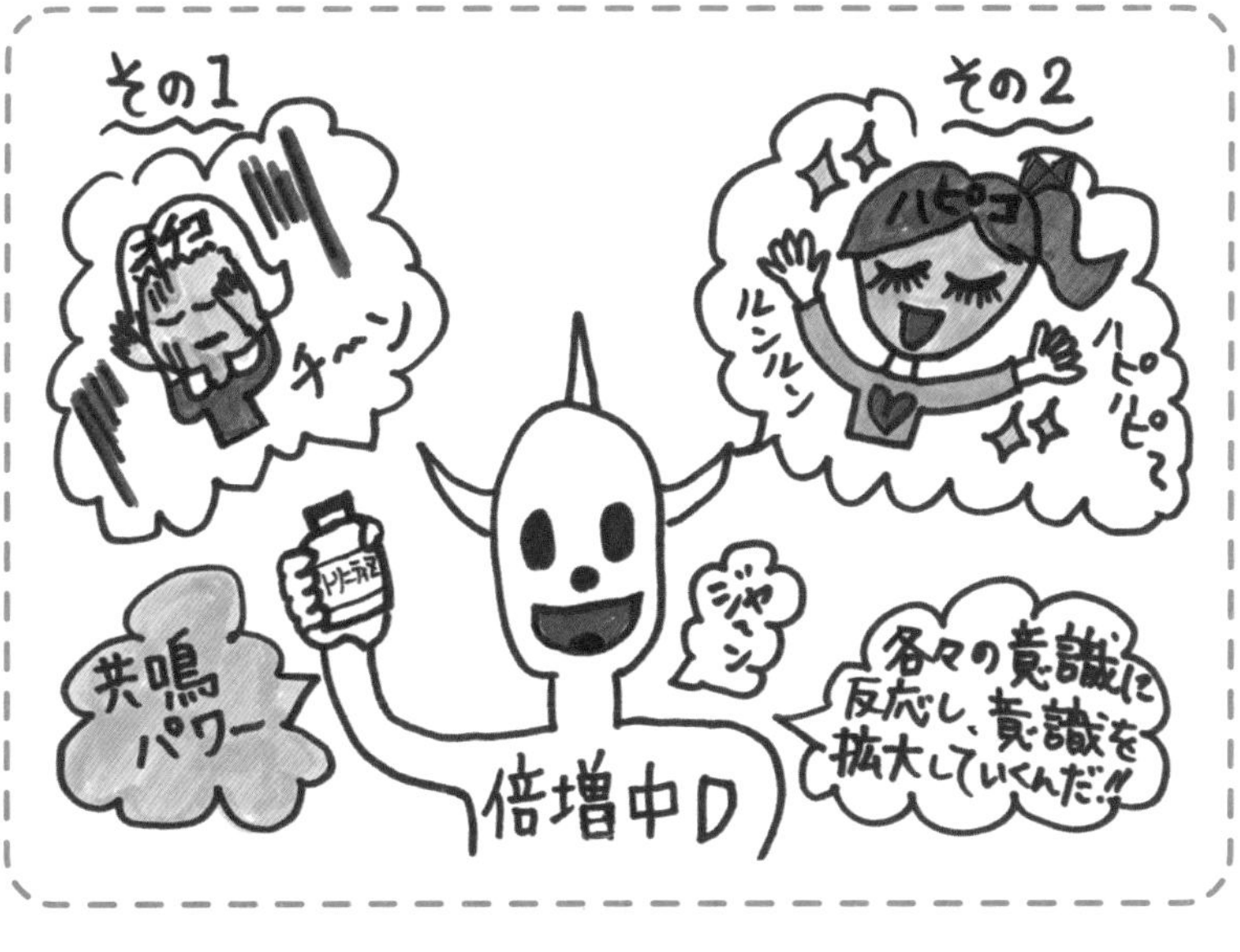

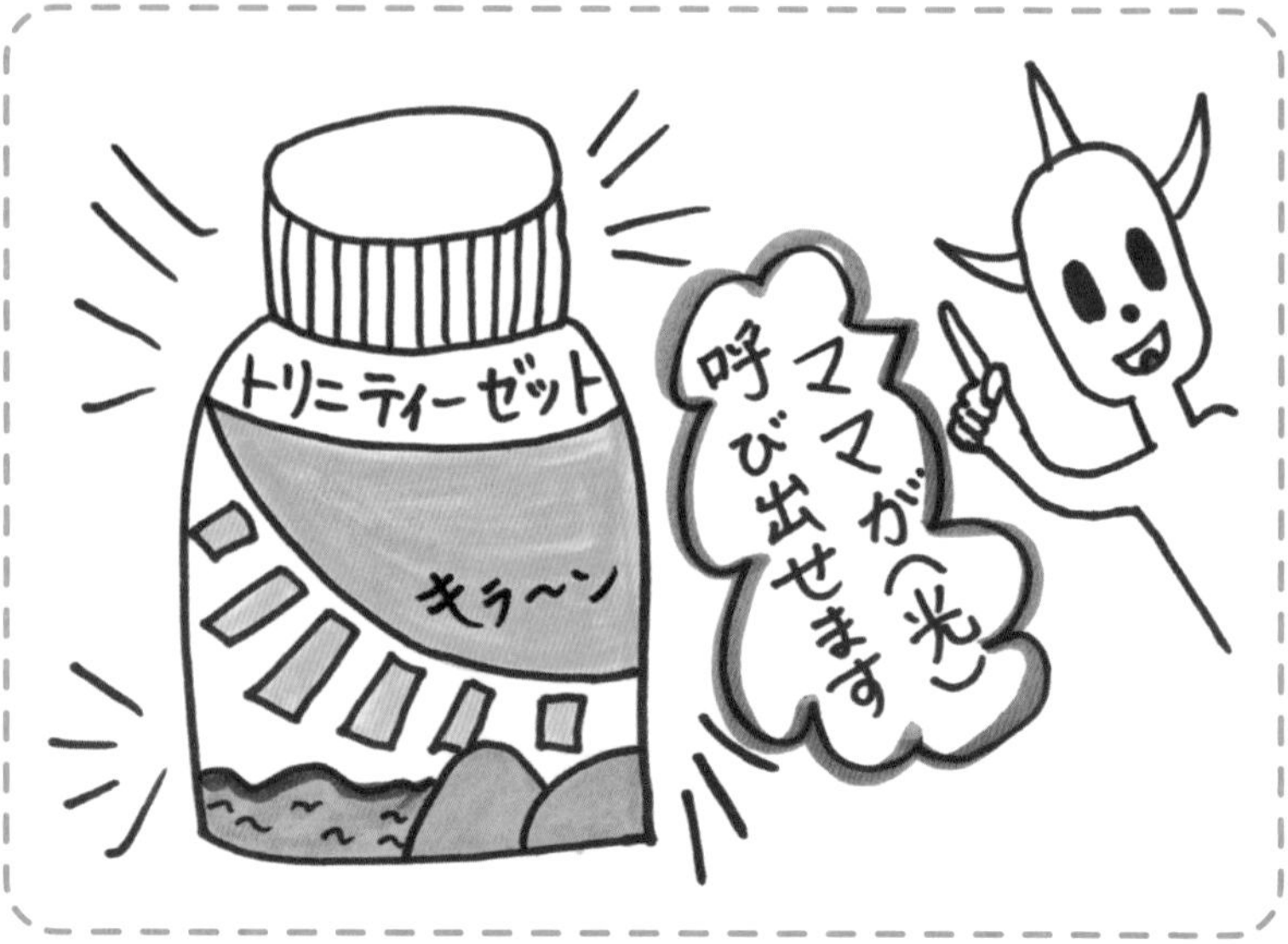

何より驚いたのは、ミルトンさんにわが家に来た理由を尋ねたときに、
「コレがあったからだ！」とビーワン・トリニティーを指さしたことです。
つまり、ミルトンさんにとっては、ミルトンさんが「ママ」と呼んでいた太陽と同じ、宇宙エネルギーの補給源だったのです。

〈トリニティーゼットについて〉

これは宇宙の鏡なんだ!!

あんたたちが映そうとしたものが「反映・繁栄」させることができるツールなんだ！

「ここにある」ことがオートで「反映・繁栄」するってことだ!!

例えば、あんたが楽しい姿を映し出す、そうするとその響きがエネルギーでは波となって宇宙に届き、それがこだまするることになる。

あんたの神体《じんたい》では、あんたから出されるすべての水分が情報を記憶して地球に流れ出る。そしてその水が自然界に辿《たど》り着いた瞬間《とき》、それが連鎖する。
そういったことを通常よりも速いスピードでこだまさせることができる。これはそんなツールだってことだ!!

誰もが神の子であり、そのように自分を愛し、人を愛することができているか？
自分の魂が選択したことをちゃんとやっているか、真剣に向き合っているか？
いつの間にか、やっている、やってあげているという意識になってはいないか？

（亡き西銘《にしめ》会長からのメッセージを受けて）

ミルトン語録も健在です♪

微生物っていうのは
人よりも地球をきれいにするからなー。
人間がつくった化学物質なのに　自分たちで分解することは考えないだろう!?
微生物は　地球のためによく働いてくれているぜ。
だから　微生物には感謝しろよ！

裏があれば表がある。
どっちも必要で
どちらかにするなんて不自然だ！
裏も表も受け入れて　ただそこに存在《いる》だけ！
それが今の地球人に必要なんだ！
今をないがしろにするな！
みんな先のことばかり心配して
〝今〟をないがしろにしてる！
大事なのはこの瞬間　今、今、今、
心配を手放す決心をしろ！

カバーデザイン　takaoka design
イラスト　Cumin

はじめに

みなさん、こんにちは！

三重県の鳥羽で隠れ家サロンを運営している「胡桃のお」ことCumin（クミン）です。

「胡桃のお」は前作の『わが家に宇宙人がやってきた!!』（ヒカルランドより新装版が発売中）のときに使ったペンネームで、今回は普段使っている名前、Cuminも出すことにしちゃいました（笑）。

いつもは、ご依頼のあった方々に対して見えない世界からのメッセージを伝えたり、環境浄化や毒素を溜《た》めない身体づくりのための活動やスピリチュアルなイベントの開催をし、また最近は子どもたちのための居場所づくりを始めたところです。

メッセージの仲介は、この本でも登場する宇宙人のミルトンさんや霊的存在とつながって、その人にとって今必要なことをお伝えしていて、イベントとしてはエネルギーを高めるための料理教室や地元神社での禊《みそぎ》体験などを開催しています。

この本は、２０１９年2月に出版された『わが家に宇宙人がやってきた!!』（以降『わが家』とします）の続編です。

今回は、地底人や女神とのコンタクトなど、ここ数年間に私の身に起きた不思議な出来事の数々や、前回同様ミルトンさんが絶賛した周波数（波動）を高めるエネルギーアイテム、またミルトンさんの新たなメッセージなども満載なので、ぜひぜひお楽しみください！

ちなみに、『わが家』を読んでいるという方は、Part 2から読み進めていただいても充分楽しんでいただけると思います。

胡桃のお（Cumin）

目次

Part 1 叔父の身体にウォークインしたミルトンさん

Part 2

ミルトンイチ推しのエネルギー媒体とオリジナルの浄化石鹸

Part 5

今こそ、この世の女神たちによる「女神革命」を！

Part 6 沖縄の祖霊神「アマミキヨ」と女神のエネルギー

校正　麦秋アートセンター
本文仮名書体　蒼穹仮名（キャップス）

Part 1

叔父の身体にウォークインしたミルトンさん

電柱が折れ車のフロントガラスがへこむほどの大事故なのにケガもなくCTも異常ナシ

私の叔父さんの身に起きたウォークイン体験と宇宙人ミルトンさんの話をまとめた書籍『わが家に宇宙人がやってきた!!』が出たのが2019年の2月、それからはや4年が経《た》ちました。

ウォークインというのは、病気や事故などによってその人の魂が宇宙人の魂と入れ替わることですが、叔父の身にそれが起きたのは2018年のことでした。

『わが家』を読まれていない方もいらっしゃると思うので、このパートでは、そのときに何があったのか、そしてその後の半年間の出来事についてできるだけコンパクトな形で説明したいと思います。

事の始まりは2018年の元日、その日、警察から叔父が事故に遭ったとの電話がありました。

すぐに病院にかけつけたところ、それまでの叔父とは人柄が一変していて、しかも警察の方から聞いた話では相当ひどい事故だったにもかかわらず、運転していた叔父の身体には不思議とどこもケガがなかったので、何があったのかまったく意味不明でした。

事故現場は電柱が2本も折れ曲がり、車のフロントガラスもへこむほどの大事故で、叔父は頭を強打。そこら中の家の水道管が破裂するほど激しい衝撃事故だったというのに、叔父は何事もなかったかのように病院の集中治療室で普通に立って喋《しゃべ》っていて、身体のケガもなくCTスキャンを撮ってもなんら異常ナシ……。

えっ、いったいどういうことなん？？？

叔父にいったい何があったのか聞いたら、車で自宅に帰る途中、突然天の声が聞こえてきて自宅とは反対方向に車を走らせるように指示されたというのです。

そして、大きな曲がり角の手前で「今からフラッシュをたくからアクセルを踏んだまま両手を離せ。手を離しても大丈夫だから安心しろ！」と言われ、そのまま電信柱にぶつかったとのこと。

えっ、頭を打って変なことを言い出した⁉　それとも飲酒運転で酔っ払ってる？

それにしてもケガをしていないのはなぜ？？

と一瞬思ったものの、それよりも気になったのが、それまで寡黙だった板前職人の叔父が急にハイテンションでおかしなことをペラペラ喋り始めたことでした。

お医者さんが言うには、脳を打ったせいかもしれないからしばらく安静にしたほうがいいとのことで、1週間ほどわが家で様子を見ていたのですが、24時間ずっとハイテンションのまま喋り続けていました。

言葉遣いもなぜか江戸っ子のようなべらんめえ口調になり、飲めなかったはずの酒をあびるように飲むなどまったく別人のようになっていて、まるで初めて地球に降り立った生物のようにも見えました。

時間やお金の観念がまったくなくなったかと思うと宇宙情報について語り始めるように……

1週間経っても、叔父は脳の興奮が冷めて元に戻るどころか、精神科の先生に対して「俺を変人扱いしやがってよー。むしろアイツらが病気だ！」など毛嫌いし、薬のせいか身体も弱まっていったので、結局、わが家に引き取って面倒をみることにしました。

今思うと、事故直後に叔父の魂はすでに身体から離れていたようです。

というのも、それ以来、叔父は夜もずっと眠らずに一日中起きたままで、周りは四六時中赤ちゃんのお守りをしているような生活を強いられたからです。

着替えから何から身の回りのことは自分一人では何もできず、歯磨きも子どもに教えるように「こうやるんよ」と教えても、歯ブラシを手に持ったまま空中で左右に動かす始末……（汗）。

時間やお金の観念もまったくなくなっていて、知らない間に一人で外出してお店の物を勝手に取って食べてしまい、警察に身柄を引き取りに行ったことも何度かありました。

そして、ときには高僧が言うような小難しい話をしてみたり、外国語のような言葉を口走ったりして、多重人格のようにコロコロと人格が変わるような状態でしたが、その頃はいろんな霊に憑依《ひょうい》されていたのでしょう。

実際、その頃に「第1の俺が抜けて、第2のオレが入ってきた」とも……。度々いろんなキャラクターが現れるので、私も最初の頃はわけがわからないまま何人かの霊能者に除霊の相談をしたりしました。

でも、どの霊能者からも腑《ふ》に落ちる回答は得られず、「それくらいなら私でもわかるわ！」と半ば諦め、豹変《ひょうへん》してしまった叔父と家族ともども毎日24時間トコトンつき合わざるを得ない奇妙な共同生活が続きました。

そうこうしているうちに、叔父の中で一つの人格に落ち着いてきたようで、何も言わなくても人の気持ちや考えていることがすぐにわかったり、なくなった物のありかを正確に言い当てたり、地震を予知したりするような不思議な力が備わっていることに気づきました。

そして、突然「今の聖書には故意に削られていることがある」と言ったり、歴史の謎を解明するような話をしたり、またあるときは、朝太陽に向かって「ママおはよう!! ５２８」と言って話しかけたり、部屋の中の壁や物を触りながら「４３２」「１６８」などとなんでも数字に置き換えるなど、特定の周波数を使って宇宙と交信しているようにも見えました。

さらに、家の近くにＵＦＯが現れるのを事前に予知したかと思うと、「宇宙には低俗な宇宙人もいる」などと宇宙情報について語り始めるようになったので、ある日、思いきって叔父の身体の中にいる存在に名前を聞いたところ、金星からやってきた「ミルトンだ！」と答えたのです。

そこで「ウォークインだったんだ！」と確信し、それ以来、叔父の身体を借りてミルトンさんが喋っていることをできるだけメモに書き留めるようにし、その間の経緯と今の地球人にとって大事だと思われるメッセージをまとめたのが『わが家に宇宙人がやってきた!!』という本です（私が文章を書くのが苦手なので、出版社の方で代筆編集してくれる小笠原英晃さんを紹介してもらいました）。

「一番光が強い日に帰る」との言葉どおり夏至の日に宇宙に還ったミルトンさん

宇宙からやってきたというミルトンさんが、叔父の身体から去っていったのは、事故から半年後のことでした。

その間、ハッとするような言葉や、確信をついたメッセージをたくさん残してくれたミルトンさんでしたが、ある日の夜、それまでにない弱音が彼の口からもれました。

家族みんなで夕飯を食べていたら、ミルトンさん（見た目は叔父さん）は私の横で横になったまま「もうダメ、もうダメ」などとつぶやくように言っていたので、私がそちらを向いたら、胸の上で両手を組んで空中で文字のようなものを描き、そこに判を押すような仕草をしたのです。

私は「縁起でもない、そんなことすんのやめて！」と言って食事を終えた後、なぜか急に異様な眠気に襲われたので、そのまま2階の部屋に上がってすぐに寝落ちしました。

そして、ふと目が覚めて気づいたら、翌朝の4時半頃。

突然大きな声で「大変や、大変や、おじちゃんの身体が冷たくなっとるー!!」と1階から母親の叫び声が聞こえてきたので、私は驚いてすぐに1階に降りて叔父の身体に触れたら、本当に叔父の身体はすでに冷たくなっていたのです。

それは6月21日の出来事でした。

そういえば、ミルトンさんは前から「俺は光が一番強い夏至の日に帰るから」と言っていました。そう、まさにその光が一番強い夏至の日に、ミルトンさんはその言葉どおり叔父の身体から抜けて宇宙に還っていったのです。

あぁ、ミルトンさんが「光の強い日に帰る」と言うとったのはこのことやったんや！

私はそれまでの出来事がすべて本当のことだったんだと肚《はら》の奥にストンと落ちました。

ミルトンさんが宇宙に還っていった日、以前私がプレゼントした「俺はバカだ」と書かれたTシャツを着ていたので、記念にそのTシャツを取っておいたのですが、今でもそれを見るたびに寂しさと同時に「よう似合っとったなぁ」と在りし日のミルトンさんのことを思い出します。

ミルトンさんは地球人にいったい何を伝えたかったのか？

一言で言うと、それは**「脳天チョップ、キンコンカーン！」**です！

今の地球人はいつも余計な頭ばかり使っているので、そのガチガチになっている頭に脳天チョップをくらわせて、もっともっと柔らかアタマにさせる!!

そうすれば、もともと身体に備わっているセンサーが敏感になって、ネガティブなエネルギーとポジティブなエネルギーの違いもわかるようになり、しっかりハートが開いて周波数も高まるよってことです。

つまり、固定観念に縛られずにもっと自分自身の身体やハートの声を聴くこと、そして、感じたらすぐに動くなど、魂に正直に生きることをミルトンさんは私たちに伝えたかったのです。

また、子どもたちに対しても、持って生まれた個性（性質や才能）や感性にフタをするようなことはしないで、**その子が得意な面だけを伸ばしてあげる、せっかく魂が志願してこの地球に生まれてきたのだからもっと自由にのびのびと育ててあげてほしい**――そんな言葉を残していってくれました。

ミルトンさんはわが家に来たときから「近々本を出すことになる」と言っていて、私は「そんなのムリムリ」と応えていたんですが、結果的にミルトンさんの予言どおりになりました。

そして予告どおり、半年後には叔父の身体から抜けて宇宙に還ったのですが、それからも必要があれば時々メッセージをくれるなど、二人三脚のような感じで動かされています。

『地球人はもっとエネルギーの高い食べ物（光の栄養）を摂らなくちゃダメ！』byミルトン

この本でもミルトンさんのメッセージをご紹介したいと思いますが、わが家にいた頃、ミルトンさんの言葉で特に印象に残っているのは、地球人はもっと周波数（波動）を上げるためにエネルギー（氣）の高い食べ物を摂《と》らなくちゃダメだということです。

例えば、私がみそづくりをしているときなどに、

『オッー　みそをつくっているのか⁉
知ってるか？　これは微生物と宇宙エネルギーの連携プレイでできてるんだぞ
みそっていうのは　そういうものだ！
親と子をつなげていく大切なものなんだ‼』

などと言ったり、

『お母さんの手づくりみそを食べれば

愛のエネルギーが魂まで響きわたる　すごいものなんだぞー
ただし、「手でつくる！」これが大切なんだ！　忘れんなよ!!
そのときお母さんの手から出る　愛の波動は
宇宙のエネルギーと共鳴して　ネガティブなエネルギー
つまり　悪の波動（放射線）をクリーニングするんだ！
発酵っていうのは　発光のことなんだよ!!』
そして、
『微生物っていうのは　人よりも地球をきれいにするからなー
人間がつくった化学物質なのに　自分たちで分解することは考えないだろう!?
微生物は　地球のためによく働いてくれているぜ
だから　微生物には感謝しろよ！』
などと言っていました。
また、梅干しをつけていると、
『オッ、魔除け食つくってんのか!?
えらいじゃねぇか！

これはなぁ　俺のママ（太陽）がパワー入れを手伝ってくれる地球人との共同合作だ!!
だから　これをつくるときは　自然に感謝し　心を込めてつくるんだ
この食べ物は薬だな！
こういうのを薬っていうんだよ
1日1個食べてみろ　医者いらずだー
でもなぁ　そのときは本物の塩を使うんだぞ！
じゃないと　俺のママのパワーは100％入らないからな!!
心を込めてつくった人の梅と　大地のエネルギーがみなぎる塩と　ママのパワー
これが最高の梅干しだ!!』

などと、太陽のエネルギーや梅干しを神聖なもの（光の栄養・自然の薬）として捉えていて、梅干しが腐ったときは家族に何か起きるとも言っていました。

ミルトンさんは酵素玄米とグラビトンプレートのエネルギーを瞬時に感じ取っていた!!

また、毎日わが家で食べている「酵素玄米」（玄米に小豆と塩を入れて専用の圧力釜を使って炊いたご飯）についても、私が圧力釜で炊いているところを見ながら、

『この小さな宇宙船（圧力釜のこと）で炊いたご飯すごいなー
宇宙エネルギーにつなげて米炊くなんて　誰が考えたんだよ!
これなら俺も食べられるぞ!!
エネルギー（氣）のある食べ物に認定だー』

などと喜んでバクバク食べていました。

私がやっている**酵素玄米の炊き方は、圧力釜の中に「ＦＴＷビューラプレート」（通称グラビトンプレート）と呼ばれる特殊なプレートを入れて炊く炊き方**です。

ミルトンさんは、酵素玄米が持っている生命エネルギーに加えて、この特殊なプレートが持つグラビトン（重力子）ともいわれる宇宙エネルギーを瞬時に感じ取ってい

たようです。

ＦＴＷビューラプレートは、宇宙エネルギーと共鳴することで電子を集め、化学物質や農薬、電磁波などのネガティブな影響をカットしてくれるので、調理に使うと安心安全で味も一段とよくなります。

なので、『わが家』の本の中でもご紹介したのですが、私が何も言わないのにミルトンさんがこのプレートを見て「なんだ、コレはー!!」と驚いたのが始まりです。

ＦＴＷビューラプレートの製造・販売をされているのは、株式会社コンプラウト（佐藤じゅん子社長）です。佐藤社長は、工学博士でグラビトンや高次元科学の研究家であった関英男《せきひでお》先生のもとで学ばれ、ＦＴＷビューラプレートの販売とこのプレートを使った酵素玄米の普及活動をされていて、私もコンプラウトさん経由でこの〝魔法のプレート〟と出会いました。

ミルトンさんは、この〝魔法のプレート〟についてこんなことを言っていました。

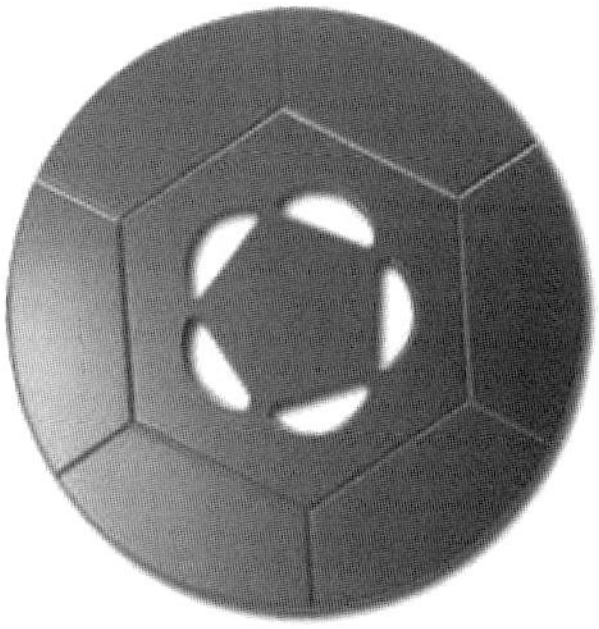

FTW ビューラプレート

これは、昔、宇宙情報に基づいて地球に持ち込まれたもので、神殿に使われていた。壁の中に入れて外部情報（環境中に渦巻いているいろんな電波）を遮断したり、また、宇宙と交信する祭事を行うために部屋の真ん中にも置かれていた。

今、地球では、陰で人間をロボット化する準備が進んでいる。だから、これを使って正しい情報が取れるようにしておけ。このプレートをできるだけ多くの人に広めていくことが大事。

私が何の説明もしなくても、ミルトンさんは勝手にプレートの上に乗って「充電完了！」「これは電子洗脳されないためだ！」などと言って自分のエネルギー補給のためにプレートを肌身離さず使っていて、それを見ていた私も「あぁ、やっぱり宇宙人から見たらエネルギーが高いものはすぐわかるんや!!」と思わず納得したのです（ご

興味のある方は巻末をご参照ください)。

ミルトンさんによると、いろんな周波数(波動・振動)の中には、人体にとってプラスに働く周波数＝見えない薬とマイナスに働く周波数＝見えない毒があるので、ちゃんとそれを見分けてネガティブな周波数から心身を守るようにと私たちに警告してくれていて、いつも**「もっと周波数を上げろ」「水を変えろ!」「血を変えろ!」**などと言っていました。

そんな調子で、私がミルトンさんと半年間一緒に生活してきた中で改めて気づかされたのは、エネルギーがたくさん含まれている天然・自然の食べ物の大切さと、それと同時に、子どもたちが心身共に健やかでいられるようなエネルギーの高い場所を残さなくてはいけないということで、ミルトンさんはそれを**「光を食べる」**とも表現していました。

ミルトンさんが私たち地球人に伝えたかったこと、それは――

毎日の食生活をはじめとして、身の回りにあるものをより質の高いエネルギー(光)に変えることによって自分自身や関わりあう人同士の波動(周波数)を高めていくこと。

そして**「何のために地球にやってきたのか？　それを思い出して、少しでも自分の周波数を高めてから宇宙へ帰ってこい！」**

これがミルトンさんからの伝言です。

ミルトンさんが去っていった後は二人三脚に、そして今度は「歌トン」との共同生活が……

あぁ、ミルトンという名の摩訶《まか》不思議な宇宙人はもう地球にはいないんだ……。と、何となく切なくなったものの、それから間もなく、まるで宇宙リモコンで操作をされているかのように、私とミルトンさんは二人三脚のような形で次のステージに移行していきました。

この数年間を振り返っても、一つひとつの出来事がまったく考える余裕もなく突然に、しかも絶妙なタイミングで今・ここにフォーカスされて目まぐるしく展開していくので、今さらながら「ヤバい宇宙人やな」と再認識させられています（笑）。

そして、わが家の宇宙人が一人いなくなったかと思うと、お代わりのようにまた別の宇宙人がやってきました。

というのは、『炎上チルドレン』（ヒカルランド刊）という本の中でもご紹介した**西洋占星術家の明本歌子《あけもとうたこ》さんが、２０２１年の正月のタイミングでわが家にやってきたのです。**

歌子さんは、その人のホロスコープからアカシックレコード（宇宙のデータバンク）の情報を読み取ってくれる凄腕《すごうで》の占星術家です。私にとってはいつも的確なアドバイスをくれる人生の恩人であり、そして心から敬愛するゴッドマザーのような存在です。

歌子さんの著書『コズミック・ファミリー』（フィルムアート社刊）は、かつて吉本ばななさんをして「30代女性たちにとってのバイブル」と言わしめたほど革新的な（ぶっ飛んだ!?）内容になっていて、歌子さんの奇想天外なヒッピー人生が満載です！（笑）

明本歌子 著
『コズミック・ファミリー』

この本の装丁は歌子さんの友人の横尾忠則さんですが、他にも、小澤征爾、和田誠、岸洋子、篠山紀信といった著名人や、フランスの小説家であり政治活動家であったジャン・ジュネの息子のジャック・マグリアやピカソの息子のクロード・ピカソらとの交流などについても触れられています。

いろんな意味でワクが外れていて、若い頃から世界を股にかけて自由奔放に生きながらもちゃんと宇宙の叡智《えいち》とつながっている歌子さんの生き様は、ミルトンさんとも相通じるところがあります。

その歌子さんが、ミルトンさんがわが家に来る前に私のホロスコープを見て、「**近々、異星人があなたの成長と経験のためにやってくるわよ」とズバリ言い当てた**こともあって、彼女に対する信頼はゆるぎないものがあるのですが、そういえばその後も、私

のホロスコープを見てこう言われていたのを思い出しました。
「あなたと私が太い線でつながれていて、この先何かあるんだけど……」（歌子）
「もしかすると仕事でも何か一緒にするんじゃないの!?」（私）
「そんなんじゃなく、もっと深く関わるようなことが出てるのよ！」（歌子）
こんなやりとりをしたのが、ミルトンさんが去った後の２０１８年の8月の末。なので、もしかしたら、歌子さんは自分がミルトンさんの後釜としてにわが家にやってくることを薄々感じ取っていたのかもしれません。
歌子さんをわが家（鳥羽）に招いたのは、もう80歳を過ぎている彼女の体調管理のこともあり、身の回りのお世話をする役として、ひょんなことから私が手をあげる結果になったからです。
こうして歌子さんという地球出身の宇宙人（!?）と一緒に生活をすることになったわけですが、元々天然記念物のような女性で、これまで数多くの華やかなアーティストたちとも交流しながら彼らをサポートしてきたリーダー的存在だった歌子さんが、人生の最終章でわが家にやってくることになったのは、これはもうミルトンさんの仕業としか考えられません。

ミルトンの次は歌トンか！　それが宇宙のプログラムなら素直に従うしかない……と覚悟を決めて、２０２１年のお正月から歌トンとの共同生活が始まりました。

そこからのドタバタ劇はきりがないほどたくさんあるのですが、それはまたの機会に譲るとして、歌トンの話で一番興味深かったのが、**歌子さんは若い頃からよくUFOを見ていて、知り合いのコンタクティと一緒にUFOとコンタクトをしていたという話を聞かせてくれた**ことです。

そんな話を聞いていたおかげで、その後、私が遭遇することになる衝撃的なUFO体験（後述）もわりとすんなり受け入れることができました。もし歌トンからUFOとのコンタクト話を聞いていなかったら、私は今も怖がって避けていたでしょうから……。

そんな歌トンのおかげで、今回の本ではミルトンさん以外の宇宙人の話も出てくることになりましたが、これも宇宙が仕込んだプログラムの絶妙さ、またもや「ヤバいな！」と思ってしまう今日この頃です（笑）。

Part 2

ミルトンイチ推しのエネルギー媒体とオリジナルの浄化石鹸

使えば使うほど環境にやさしく、しかも使う人の意識とも反応する「意識触媒」とは？

さて話題は変わって、このパートでは、**ミルトンさんがＦＴＷプレートと同じようにエネルギー補給源として使っていた「ビーワン・トリニティー」**についてご紹介したいと思います。

宇宙から見ると、今の地球ではエネルギーの低いものが横行してしまっていて、そこでいかにエネルギーの高いものを選ぶことが大事かを知っていただきたいからです。

言わば、宇宙人イチ推しのエネルギー媒体です！

そのビーワン・トリニティーとは、環境保全研究所という会社が製造・販売している商品群のことです。

主に「美・健康・環境」をテーマとした水の記憶を活用した髪＆スカルプケア商品、トリニティーゼットシリーズはさまざまな用途に使える光触媒商品、その他にスキンケア商品として悠久の恵みオーガニックかぼくシリーズなどがあり、どれもエネルギーの高い品々です（詳しくは環境保全研究所のホームページ https://www.kankyo-hozen.co.jp/ をご参照ください）。

私がビーワンの商品に出会ったのは、今から十数年前のこと。

その頃私はエステサロンをしていて、新たにスカルプケアを導入するために肌にやさしい商材を探していたのですが、ちょうどそのタイミングでビーワンの全国販社である株式会社水・企画という兵庫県赤穂市に本社がある会社から講習会のダイレクトメールが送られてきたので、伊勢市で開かれる講習会に行ったのがきっかけでした。

私はてっきり新商材を使ったスカルプケアの方法を学べるんじゃないかと思って、その会場に出向いたのですが、講習会が始まるといきなりおじさまが登場されて、開口一番に「これから起きる２０１２年のアセンションが……」などと、当時は聞きなれない言葉が飛び出したので「えっ、もしかしてココってヤバいセミナー!?」と内心ドン引きしました（笑）。

実は、そのおじさまはビーワンの**販売元である環境保全研究所の西銘生義《にしめせいぎ》会長**だったのですが、そのときには何もわからずにエステの講習会のつもりで参加していたので、皮膚の話から入るのかと思っていたらいきなり場違いな話（!?）が出たので驚き、怪しそうだからこっそり抜け出そうとしていたら、後ろからスタッフの方に「待ってぇー」と引きとめられました。

そして、おもむろにビーワンの商品を顔と髪の毛に塗られ、「どうですか?」と聞かれたのですが、そのときは一瞬何を塗られたのかはわからなかったものの、肌感覚としてはとっても心地よい感じがしたのです。

それまで使用していた商材とはまったく違って、物質的な作用というより、内側からの爽快感があったので直感的に「これ欲しい!!」と思いました。

それからさらに詳しい商品説明を聞かせてもらって、ビーワンの商品を自分のサロンに導入することを決め、販社に加えていただいたのがご縁の始まりです。

実は、私は生まれながらの敏感(霊媒)体質で、おまけに生後数か月のときに腎盂《じんう》炎《えん》を患いました。あとで母親から聞いたのですが、そのときに腎臓が熱で変形していたそうです。

そのため毒素の排出機能がうまく働かず、痛みや吐き気、全身のだるさにみまわれることが多く、しかも腎臓以外にもいろんな不調が重なって何度も病院通いをするなど、とても辛《つら》い体験をしてきました。

ご存じのとおり、腎臓は血液中の老廃物を浄化する臓器ですが、腎盂炎は尿路の感染症なので、炎症が全身に広がって敗血症など重症化すると多臓器不全を起こし、最悪の場合、死に至ることもあります。

なので、小さい頃から激しい運動は止められ、いつも自分は死ぬかもしれないという恐怖がありました。

それに、見えないものが見えたりして他の人から不思議がられていたので、小学校の頃から友達もいなくて近所のお地蔵さんだけが話し相手だったということもあって、いつも家にあった医学事典や薬草の本を一所懸命読んだりしていました。

でもそのおかげで、身体にいいものを自分で探してきて食べたり、手当てをしたりしていたので、食の大切さや有難《ありがた》みは人一倍実感しています。

また、成人してからも身体のアンテナをフルに使って安心安全な食べ物を選び、健康食品でもどれが一番内臓機能を高めるか、エネルギーが高いものはどれかを見分ける習慣が自然に身について、酵素マイスターの資格を取ったりもしました。

健康関係の商品に使ったお金はトータルで数百万は下らず、いつも貧乏生活でしたが（汗）、でもそのおかげで、グラビトンプレートを使った酵素玄米や環境保全研究所さんのビーワン・トリニティーに巡り合うことができたんです。

そのおかげもあって体調もかなり改善して、また子宮内膜症を患ったときにも、医師から「子どもは産めない」と言われていたのが、おかげさまで3人の子どもを授かることもできました。

当初は「人工授精なら何とか……」と言われたのですが、結果的にまったくその必要はなくて、自然な形で元気な男の子を3人も産むことができ、これもビーワン・トリニティーをとり続けてきたおかげだと思います。

聖者サイババに導かれた西銘会長が開発した意識と環境浄化のための新時代商品

そもそもビーワンは、20年ほど前から美容業界の人たちの間で「この商品を使うとお客さんの髪のダメージやスタッフの手荒れが改善する」ととても話題になり、人の健康や地球の環境にも役立ついろんな結果やデータが出ていることから全国的に広がっていきました。

その過程の中で、新たに光触媒のトリニティーゼットシリーズが登場し、それ以降、私も水・企画さんを通じてビーワン・トリニティー両方の商品を扱うようになったわけですが、商品に含まれている成分自体が人の健康や環境浄化に効果的なのはもちろん、**ビーワン・トリニティーの一番の特徴は、使う人の意識と反応する**ことです。

つまり、健康維持・回復や自然界の環境浄化だけでなく、人の意識の浄化にも役立つようにつくられているのがビーワン・トリニティーで、そのため「意識触媒」という言い方をしています。

なので、ただの健康ビジネスでなく、環境保全研究所の呼びかけによって、未来の子どもたちにきれいで安心して住める地球を残すために、日本人の人口の5％の約600万人の人たちにビーワン・トリニティーを伝え、手渡すという人類救済5％プロジェクトなども行われています。

こうした意識触媒商品は、ひとえに環境保全研究所の西銘会長の切なる思いから生まれたものです。

実は、私も販社になってからあとで知ったのですが、**西銘会長はインドの聖者、サティア・サイババと深いご縁があり、**その導きによってこの事業を興されていて、創業当初から精神世界の指導者として知られた知花敏彦《ちばなとしひこ》さんと共にずっと一緒に歩んでこられたとてもスピリチュアルな方だったのです。

私はサイババさんや知花先生のことは直接は存じあげませんが、西銘会長のインスピレーションとご尽力によって生まれた商品（ビーワン・トリニティー）は、**実際に使えば使うほど川や海などの汚れた環境を元のきれいな状態に戻すという、すごい結果を出しています。**

しかも、使う人の意識の浄化を促すモノを次々に開発されてこられたということは、ちゃんと高次元とつながっていて、よほど光（愛）のエネルギーが高くないとできないことではないかと思います。

ＦＴＷビューラプレートと同じで、開発者の利他の思いと高次元存在の共同創造によって生まれたもの、だからこそ、使う人の意識とも共鳴する働きがあるの

高次元の
知恵を
お受け取り
下さい!!
byミルババ
トリニティー
セット

ではないでしょうか。

内容成分が人や地球環境にやさしいだけでなく、使う人の意識にも作用する、そんな新時代型の商品をいち早く世に出されたこと自体が本当にすごいことで、高次元のサポートを感じざるを得ません。

残念ながら、西銘会長は２０２１年12月に他界されましたが、会長の志や理念は『生命原理』（美容総合出版刊）の中で詳しく述べられています。

私も私生活や料理教室などでビーワン・トリニティー商品をずっと使ってきたことですごく助けられてきましたし、使う人の意識によって本当にエネルギーが高まることも何度も実感してきました。

そして、何より驚いたのは、**ミルトンさんにわが家に来た理由を尋ねたときに、「コレがあったからだ！」とビーワン・トリニティーを指さした**ことです。

つまり、ミルトンさんにとっては、ミルトンさんが「ママ」と呼んでいた太陽と同じ、

西銘生義 著『生命原理』

宇宙エネルギーの補給源だったのです。

『あんたたちの映そうとしたものが「反映・繁栄」させることができるツール』byミルトン

ビーワン・トリニティーは、ミルトンさんが地球に滞在中、FTWプレートと同様こよなく愛したモノで、例えばこんなことがありました。

一時期、薬のせいで叔父（身体に入っているのはミルトンさん）の顔が異様に浮腫《むく》んでいたので、ビーワンのオールインローション（ビーワンの原水に光触媒トリニティーゼットを配合した全身用ローション）を通常なら150ml程度のところ250mlほど多めに頭に塗ってあげたら「そんなんじゃ足りねえ！、もっとかけてくれ！」と言うので、詰め替えパック1ℓをそのままひっくり返して頭と顔のマッサージをしてあげました。

そうしたら、なんとその場で見る見るうちに腫れが引いていったのです。

またあるときは、テーブルの上にトリニティーゼット配合の「カルシストX」を置いていたら、ミルトンさんが勝手にそのふたを開けて中の白い粉を口の中にドバドバーッと入れていた⚠ので、「ちょっとやめて、コレ高いんやから」と私が口に入れるのを止めようとしたら、ミルトンさんは「なんで地球人はコレを飲まねぇんだ⁉」と言いながら、いつもガバガバ飲んでいました（笑）。

ちなみに、カルシストXは、化石サンゴの微粉末に有機ゲルマニウムと49種類のアミノ酸から構成された100％天然の高分子シルクを配合した健康食品で、トリニティーゼットの原液は、水で40倍に希釈して洗剤をはじめいろんな環境改善水として使用するものです。

⚠ミルトンさんの場合はトリニティーゼット原液をそのまま飲んでいましたが、決して飲み物ではありませんのでご注意を。

ミルトンさんからするとビーワン・トリニティ

ビーワンオールインローション

カルシストX

ーは太陽の光と同じ働きをしてくれるいわばガソリン（燃料）のようなもの、だから思う存分取り入れていたんだと思います。

彼のような宇宙存在からすると、地球の波動は荒々しくて、よほどエネルギーの高いものをたくさん取り入れないとやってられなかったのでしょう。

当時、こんなメッセージを残してくれています。

〈トリニティーゼットについて〉

これは宇宙の鏡なんだ!!

あんたたちが映そうとしたものが「反映・繁栄」させることができるツールなんだ!

「ここにある」ことがオートで「反映・繁栄」するってことだ!!

例えば、あんたが楽しい姿を映し出す、そうするとその響きがエネルギーでは波となって宇宙に届き、それがこだますることになる。

あんたの神体《じんたい》では、あんたから出されるすべての水分が情報を記憶して地球に流れ出る。そしてその水が自然界に辿《たど》り着いた瞬間《とき》、それが連鎖する。

そういったことを通常よりも速いスピードでこだまさせることができる。
これはそんなツールだってことだ!!

こんなこともあって、ビーワン・トリニティーが意識触媒だという意味がよくわかったのと、使う人がちゃんと利他の心で使っていれば高次元と共鳴して宇宙エネルギーが入るというのも実感しています。

それだけに、ただむやみやたらに使えばいいというのではなくて、どんな意識で使うかがとても大事だということです。

ミルトンさんも「**どんな高度なエネルギーを宿すものでも、必ず人を経由して学びと経験と成長を味わうことのできるプロセスをふむんだ**」と言っていました。

地球《ここ》にあるものは、どんなものでも人がつくらないとできないじゃないか!
宇宙のエネルギー（アイデア）と地球の物質、それを足して一つの存在をつくり出している世界じゃないか!!
どんなよいもの、高いエネルギーのものだって、宇宙から降ってきたり

突然現れたりしねえだろ⁉
宇宙にはあんたたちみたいな肉体はないんだ‼
だからいくら宇宙があんたたちにギフトを届けたくても
そのときそのときの宇宙の意識と共鳴している人間を通して流していくしかできないんだ‼
宇宙はここ（地球）にあるコマ（人間）を頼りにしてるんだ！
宇宙がその地球上のコマと手を結んだとき
地球上では見ることのできない　人だけでは生みだすことのできないギフトを見ることができるんだ‼

太陽のような気持ちでシェアを、
そうすれば人の意識や地球の浄化にもつながる

意識触媒とは、宇宙エネルギーと地球人の共同作業で生み出されたエネルギーアイテムであり、天から与えられたギフト。だからこそ、まず自分自身が輝き、学び、その愛と光を自然界に還すことが大事なんだと思います。

なので、そこに利他の心や感謝がなくては意識の浄化にもつながらず、反対に正義感の押しつけのようなエゴで使ってしまうとむしろ逆効果。

これは他のどんな波動商品でも同じではないでしょうか。

「これさえ使っていればいい」「絶対これを使わなければダメ！」「これを使わないからあなたの波動が落ちたのだ」などというエゴの押しつけではなくて、
エネルギー（周波数）が高いものほど、ミルトンさんが言っていたように、**ママ（太陽）のような温かい気持ちでシェアすることが大事で、そうすれば光の働きがマックスになって、その結果、人の意識や地球環境の浄化にもつながる！**

ミルトンさんもそのことを地球人に伝えたかったんだと思います。

西銘会長も、これからの新しいエネルギーは「利他の性質」だと言われていましたが、まさに西銘会長ご自身がこの宇宙の壮大なプログラムを引き受けられ、地球や自然界のために命がけで偉大な業を成し遂げられて、宇宙に還られてからも高次元霊団と一体となって働いてくださっていることを思うと、本当に感謝の念に堪えません。

「我は神なり　愛と光なり」

一人ひとりが神の化身であり、愛と光で満ち溢《あふ》れ、その溢れた光のエネルギーを周りに与えていく――そのことを会長はご自身の背中を通して私たちに教え、諭してくださったのだと思います。

思いおこせば、私が最初に講習会に行ったとき、こっそり抜け出そうとしていた私を引き留めてくれたのは会長の秘書の比嘉さんという沖縄の女性でした。

あのときに比嘉さんが声をかけてくださったおかげで私はビーワン・トリニティーと出会うことができたわけで、また販社になってからは㈱水・企画の長田社長や生田さんにも何かとお世話になっていて、この場をお借りしてみなさまに改めて感謝を申し上げたいと思います。本当にありがとうございます！

そしてまた、ミルトンさんのおかげでＦＴＷプレートやビーワン・トリニティーが光の栄養素として大いに活用できることを知ったので、地球人の周波数を高める意識触媒となるような商品がこれからも日本からどんどん生まれてほしいと心から願ってやみません。

いくらアセンションを望んでも、自分自身のエネルギーを高めないと「絵に描いた餅」

誤解してほしくないのは、別にここで商品の宣伝をしたいわけではなくて、私が読者のみなさんにお伝えしたいのは「**エネルギーの高いものは光の栄養になりますよ！**」ってことです。

今、世の中にいろんな病気がまん延したり、社会的にも悲惨な事件が増えたり、また世界的にも**戦争や争いが絶えないのは、光の栄養不足のために周波数の低い人たちがたくさん増えてしまった結果**ではないでしょうか。

しかも、日本では若者の死亡原因の第1位が「自殺」というとても悲しい現実があって、それは私たち大人の社会がいかに光のエネルギーが不足しているかを物語っているとも言えると思います。

また、スピリチュアルな知識をたくさん仕入れて、いくらアセンションを望んだとしても、一人ひとりが光の栄養を補給して自分自身のエネルギーを高めていかなくては、いつまで経っても「絵に描いた餅」になってしまうでしょう。

なので、昔の縄文人のようにエネルギーに対してもっと敏感になって、日々の生活の中で自然や上の世界ともつながりあいながら、自分自身の周波数、エネルギーを高めていく必要があるのではないかと思います。

私自身も、発酵玄米やみそといった「酵素」×「発酵」素材をテーマにした料理のワークショップを開催するなど解毒できる身体づくりのサポートをさせていただいているのですが、それは一人でも多くの方にエネルギーの違いを体感してほしいからです。

ミルトンさんが言うように、現代人の多くはエネルギー（氣）が枯渇した貧しいモノしか摂っていないのではないかと思います。

化学肥料や農薬、添加物だらけの食品は、自然のものに比べるとそれだけエネルギーが低く、まして、愛情のこもったお母さんの手料理を食べる機会が少なかったり、小さい頃からインスタント食品や加工食品ばかり食べさせられてきた子どもたちがエネルギー不足になって、その結果、心身共に病んでしまっているとしたら本当に残念でなりません。

でも本来は、大自然の光や水、微生物たちがお互いにムスビあってエネルギーの高い作物を育ててくれているわけですから、なるだけそのようなものを摂るようにすれば、それだけでもエネルギーの高い体質に変わっていくはずです。

現に、アトピーや過敏性腸症候群などで悩んでいた人たちが、それまでの食のあり方を見直して発酵食品や自然食品を積極的に摂るようになったり、また自然農法や循環農法などが広がりを見せる中で微生物の働きに注目が集まってきているのも、きっとそれだけエネルギーに対しても敏感になってきているからでしょう。

なので、ミルトンさんが言うように、一人でも多くの人、特に子どもたちが宇宙に溢れている光の栄養をもっとたくさん取り入れて身体やココロの健康を取り戻し、せっかくやってきたこの地球でもっともっと魂が喜ぶことをさせてあげてほしいと思います。

電子戦争に備えて『子どもたちの第3の目を守るものをつくるように』byミルトン

今の地球人はエネルギー不足から身体もココロも不健康になっていて、そのため周波数が落ちて魂の覚醒も起きにくくなっている……。

ミルトンさんを通してそのことの深刻さに改めて気づかされた私は、FTWプレートやビーワン・トリニティーのような、高いエネルギーを取り入れられる意識触媒的なアイテムを自分でもつくれたらいいなと思うようになりました。

とりわけ、ミルトンさんが地球にいる頃よく口にしていたのが、「時間がない！」「チップを埋められる！」「食べ物を変えろ」「血を変えろ！」でした。

特に、時間がないということに関して、その頃はまた大きな地震でも起こるのかなと思っていたら新型コロナウイルスが出てきて、そこで「あぁ、このことやったんや！」とメッセージの意味に気づきました。

コロナ計画スタートまでに時間がない、
その後、チップ埋め込みのワク〇〇が始まるぞ、
食べ物、水、血を変えて、
その事態に振り回されず、冷静に見ながら、
本質的な情報を見抜けるようにしておけよ！　と。

そういえば、それまでよく読者の方から「ミルトンさんがもう時間がない、後2年とか言われていたそうですが、何が起きるんですか？」という質問を受けていました。

それまでは何のことか具体的にはわかっていなかったのが、新型コロナの出現から始まり、ワクチン開発、接種が始まったのが2021年の2〜5月頃（アメリカでは2020年12月頃から開始）なので、ミルトン発言の時期からちょうど2年ぐらい経っていることにハッとしたのです！

それと同時に、その頃から**なぜか私の身体に異変が生じるように**なりました。

最初にそれが起きたのは、個人セッションに来られた医療関係にお勧めのクライアントさんと対面しているときでした。

　私が飲み物をお出ししようとして、カップをクライアントさんに手渡そうとしたら、わずかに2人の手が触れた瞬間、バチーンという感じで私の手に強い衝撃が走ったのです。

　そのときは何が起きたのかわからず、静電気かなと思っていたら、手の血管が切れて内出血したらしく、何もしていないのに手がどんどん腫れてきました。

　それで「アレッ!?　もしかして……」と思って、その後でその方に「コロナのワクチンを打たれてますか？」と聞いたところ、「はい、打ってます」と

のこと。

その方は医療従事者だったのでいち早く新型コロナウイルスの遺伝子（mRNA）ワクチンを打っていたようですが、それ以降もワクチンを打ったクライアントさんが来られたり、また外で買い物をしていても、レジ打ちをしている人の近くに近づいたときなどに私の手が痺《しび》れるようになったのです。

そんなことが続いたので、これは噂《うわさ》に聞く「シェディング」かもしれないと思い、名古屋で開業をされている高橋徳《とく》先生（徳クリニック院長）のところに相談に行くことにしました。

徳先生とはこれまでも親しくさせていただいているのですが、先生は東洋医学（鍼《しん》灸《きゅう》・漢方・整膚《せいふ》）や伝統医学（瞑想《めいそう》・ヨーガ・気功）、未来医学（波動医学・アンチエイジング）など、極力西洋薬を使わないで身体やココロに優しい医療を実践されているドクターで、「愛情ホルモン」オキシトシン研究の第一人者でもあります。

そこで、徳先生にシェディングの話をしたら、その頃はまだあまりシェディングの報告例はなく、私は鍼《はり》治療をしていただいたのですが、それと併せて「携帯電話や電磁波を出すものは身体から遠ざけたほうがいいよ」とアドバイスを受けました。

コロナワクチンを接種した人から放たれる毒素によってもたらされるシェディング

その後、徳先生自身もワクチンを打った患者さんと接してシェディングに遭われていて、クリニックにもシェディングが原因による体調不良の人たちがたくさん来られているとのことでした。

徳先生は、それまでにも新型コロナウイルスワクチンの接種後に死亡した人の数があまりにも多く出たことなどから、いち早く全国の医師・歯科医・議員に対して「新型コロナワクチン接種中止」を訴えて400名以上の同意を得て、政府（厚労省）に対してワクチン接種中止の嘆願書を提出するなど、積極的に反ワクチン活動を展開されていました（新型コロナワクチンに警鐘を鳴らす医師と議員の会発起人でもあります）。

ちなみに、2021（令和3）年2月17日から2022（令和4）年7月10日までに報告されたワクチン接種後の死亡事例は、何と計1616件にも上るそうです。

徳先生によると、シェディングはワクチン接種者の呼気や汗腺から放出された何らかの毒素（スパイクタンパク質・酸化グラフェン・有機溶媒など）を吸い込むことで、接種していない人にも悪影響が及んで、次のような症状が現れることがあるそうです。

呼吸器（咳《せき》・痰《たん》・息苦しさ・胸部圧迫感・胸部絞扼《こうやく》感）、
循環器（動悸《どうき》・心臓痛・血圧上昇）、
消化器（食欲減退・胃痛・胃もたれ・吐気・嘔吐《おうと》・腹部膨満感・下痢・下血）、
泌尿器（膀胱《ぼうこう》炎・排尿時痛・陰部の痛み・腫れ・勃起不全）、
婦人科（不正出血・生理周期の乱れ・乳房の痛み）など。

加えて、発熱・悪寒・頭痛・めまい・頭重感・刺激臭（異臭）・口内炎・湿疹・蕁麻疹《じんましん》・筋肉痛・関節痛・神経痛などの全身症状を伴うことがある。

こんなにもいろんなところに悪影響が及ぶとは……。

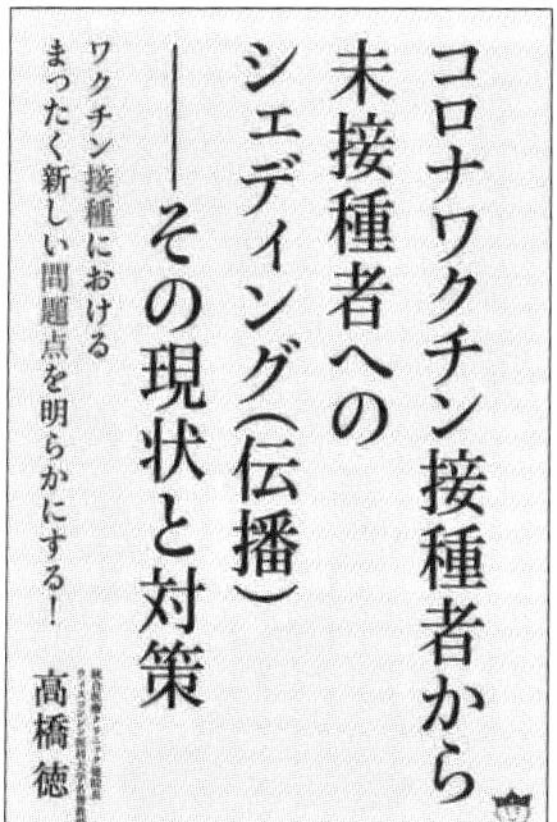
コロナワクチン接種者から未接種者へのシェディング(伝播)
——その現状と対策
ワクチン接種におけるまったく新しい問題点を明らかにする！
高橋徳
高橋徳 著『コロナワクチン接種者から未接種者へのシェディング（伝播）——その現状と対策』

目に見えないだけに、ワクチン接種と同じくらい危険性《リスク》を感じます。

ところが、シェディングによる健康被害についてはまったく調査がされていないそうで（あえて隠されている⁉︎）、徳先生も何も知らずにワクチンを打った人も被害者であるとして、シェディングに対して早くから警鐘を鳴らされています（詳しくは、ヒカルランド刊『コロナワクチン接種者から未接種者へのシェディング（伝播）——その現状と対策』をご参照ください）。

シェディングが何の調査もされていない以上、自分の身は自分で守るしかない！

私の場合は、クライアントさんがコロナワクチンを打っているという人に限って、頭痛や吐き気に襲われたり、チューニングするときにその方の情報が読み取りにくくなって、いつものように満足のいくセッションができなくなりました。

最初の頃は、自分のコンディションの問題だと思っていたのですが、接種していない方と会っているときはそのようなことがないので気のせいではないことは確かで、ひどいときは高熱が出たり、動悸や不整脈など心臓の異常が起きることもありました。上とつながって今その方に必要なメッセージを伝えるのが私の仕事なので、チャネリングの回路が阻害されてしまうと的確なメッセージを受け取れなくなり、そうなるとクライアントさんにとっても不満足な結果になりかねません。

なので、それがはっきりしてからは「コロナワクチンを打たれている方はせっかくセッションを申し込まれてもご満足いただけない場合があるので、しっかりとした対策が取れるまではどうぞご遠慮ください」とお伝えせざるを得なくなってしまいました。

何しろシェディングについて何の調査もされておらず、しかも何回もワクチンを打っている人がそこら中にいて、これからも新しいワクチン接種の機会が増える以上、自分の身は自分で守るしかありません。

というわけで、私はシェディング対策に没頭することになり、松葉茶から始まってよいといわれているものは一通り試しました。確かにどれも一時的に症状は和らぐものの、もっと「ガツン！」と体感できるものを求めていた私は、いっそのこと「ないなら私が開発する‼」と決めました。

とはいえ「じゃあ何を作ればいいか？」という具体案はなかったので、あれこれ思案しました。誰でも気軽に使えて、早く楽になって、高エネルギーが宿るモノ……。

毎日毎日あれこれ思案していたところ、いよいよ行き詰まった頃にその声は聞こえてきました。

「内臓を冷やさないモノを作りなさい」と！

その声を皮切りに、宇宙との共同プロジェクトがスタート!!

そして、再びミルトンさんからこんなメッセージが届きました。


これからは、電磁波を使った電子戦争のような状態になる。

そうなると、特に敏感な子どもたちの「第3の目」までもやられてしまう。

なので、今から地球の子どもたちの「第3の目」を守るものをつくりなさい。


子どもたちの第3の目までやられてしまうと、せっかく地球を直しにやってきた彼らの魂の覚醒が阻害されてしまう――これはかなりヤバい!!

「じゃあ、身体によくて第3の目を守るものは何だろう？」と考えていたら、次にミルトンさんが「石鹸《せっけん》」というキーワードを伝えてきました。

そうか、石鹸ならそれ一つで「第3の目」の防御と全身の浄化もできるし、一発でエネルギーを高められると思い、「よし、エネルギーの高い石鹸をつくろう!!」と決めました。

子どもたちの第3の目を守り、魂まできれいにする浄化石鹸をつくりたい!!

ミルトンさんからのアドバイスも得て、精油のラベンダーやロイヤルブルーのラピスラズリが第3の目にいいということもわかったので、とにかく子どもたちをワクチンの害から守るためにも「魂まできれいにするスキンケア石鹸」をつくろう、と。

石鹸なら毎日浄化に使えるし、しかも見た目がカラフルで、匂いもいいカジュアルな石鹸ができれば、ビーワン・トリニティーを知らない若い人たちにも気軽に使ってもらえて、プレゼントとしても広がりやすいからです。

しかし、いざオリジナル石鹸の製造元を探そうと動いてみたら、どこも予算的に私の力では難しく……「どうしようかなぁ」と悩んでいた矢先、たまたま別件でいつもお世話になっている水・企画の長田社長にその話をしたところ、「それならご紹介しますよ」と、なんと環境保全研究所さんをご紹介いただくことができました。

そこで、ラベンダーとラピスラズリを粉末にしたものをビーワン・トリニティーと合体させることにし、さらに環境保全研究所さんのアドバイスで群青《グンジョウ》の粉末を加えて独自の配合でブレンドしていただくことになりました。

最初のサンプル品ではブルーだったのが、天の計らいによって（詳しくはPart 3で説明します）急遽《きゅうきょ》ロイヤルブルーの色に変更していただくようにお願いし、年末年始をまたいでやっと2022年の2月に完成品ができあがりました。

もちろん、合成界面活性剤・香料は無添加で、手肌にやさしい細かな泡立ちの純石鹼なので、手荒れでお悩みの方や手肌が敏感な方にも安心して使っていただけます。

商品名は「Native」で、主に次のような特徴があります。

〈Native の特徴〉

①浄化作用

メイン成分の光触媒であるビーワン・トリニティーが肌に溜め込んできた汚れを洗

い流すだけでなく、バランスの取れた肌を取り戻し、肌本来の力を引き出します。

さらに、ラベンダーの香りで毎日の緊張や不安を和らげることで、心地のよい睡眠へ導き、日々の疲れを心身ともにリセットします。

また成分に使用しているグンジョウは、パワーストーンとしては邪気・邪念を退ける力があるとされています。

②使うことで水質汚染から地球を守る

香料・金属封鎖剤・保存料・合成界面活性剤不使用で作られているた

人と地球に優しい
宇宙グッズ開発委員会
代表ミルトン博士
グッズ Native
子どもたちの第3の目のプロテクトも頼みま〜す!
・体内、地球を浄化できるもの。
・いやされるもの
・シェディング対策できるもの
・毎日、使うもの
・ナチュラルな素材
これでよろしく〜
よし!! 助手に連絡してみよう!!

め、海に流しても微生物や魚のエサにもなる地球環境にもやさしい天然素材です。

③マルチヒーリング

フェイス、ボディウォッシュはもちろん、玄関、クローゼット、ベッドリネンの芳香や、部屋の四隅に置いて空間浄化など、さまざまな用途で心と体が癒されます。

このNative石鹸を使っていただいた方々からは、次のようなとても嬉《うれ》しい感想をいただいています（一部抜粋）。

・ワクチン接種が始まってから、子どもが学校に行くと頭やお腹が痛くなると言って困っていたので、試しに紹介してもらったNative石鹸を使ったら子どもが「スッキリした」と言ってそれ以来この石鹸

【Brain Wash Soap Native】内容量：80g　3300円
パッケージの下にある数字の配列は「心身と魂の浄化」のコトダマ

を使うようになって手放さなくなりました。

・子どもがアトピーだったのが、この石鹸で身体を洗うようになってから、いつの間にかアトピーが消えていました。

・知らないうちに温泉施設でシェディングを受けてしまったようで、全身のひどい倦《けん》怠《たい》感に襲われて困っていたのですが、Native石鹸で全身を洗うようにしたら、すぐにスッキリして、おかげさまで元気を取り戻すことができました。

・Native石鹸3個目です。顔と全身に使って1か月経ちますが、ニキビや肌荒れがなくなってきました。お風呂上りはいつもサッパリです。朝も時短で済みます。

あと、ペットの犬の肌が脂っぽく固まりやすく、ターンオーバーでフケが出やすかったんですが、Native 2回目のシャンプーでなんとその症状がなくなりました。動物病院のシャンプーや、フランス産のお高いシャンプーではまったく効果がなかったのに！　今ではきれいな肌になってフケも少なくなりました。犬肌ですが、光触媒の浄化を実感できました。

・知人からいただき、使い始めました。頭も身体もスッキリ、でもお肌はかさつきもなくスベスベ、白髪の生え方もゆっくりになっているような気がします。

このように、Native石鹸を使っていただいた方々からは、次々と嬉しい感想をいただいています（ただし、反応には個人差があります）。

なので、普段使いはもちろん、もしシェディングの疑いがあったり、体調がすぐれないお子さんなどがいた場合にはぜひ一度お試しいただければ嬉しいです！

Native
宇宙工場長
ミルトンです!!
只今ミルトンパワー
増量中!!
おひとつ どうぞ!!

Part 3

地底人からのコンタクトと赤い光の柱の出現

ＵＦＯコンタクティ川又淳一さんとの『わが家』が取り持つ不思議な出会い

ここからは、『わが家』が出版されてからこの約４年間に起きた出来事について、かいつまんで報告させていただきます。

本が出てからは、東京などいろんな場所に呼ばれてミルトンさんからのメッセージをみなさんにシェアさせていただいたり、クライアントさんに対しても私なりにミルトン的な生き方のヒントをお伝えするように心がけてきました。

そんなある日、地元の知人女性のＮさんから「昨日テレビでＵＦＯ特集を見ていたらＵＦＯ写真を撮っている男の人の本棚にクミンさんの本が並べてありましたよ」という連絡がありました。

Ｎさんはたまたま録画をしていたらしく、その画像を送ってもらって拡大したら確かに『わが家』の本が置いてありました。

どうやら、その特番に出ていたのは川又淳一《かわまたじゅんいち》さんという方で、インタビュー中お店の中が映し出されたときに本棚に置かれていた『わが家』が一瞬映っていたようです。

それで私が編集者のOさんに連絡をしたところ、「同じ宇宙人つながりだから何かあるかも」といって川又さんに会いに行かれて私の話をしたそうで、後日、私もOさんと一緒に川又さんに会いに行くことに……。

川又さんは、一見するとアーティストのような風貌で、癒し系の感じの方でした。

ご本人の話によると、小さい頃からずっと不思議な体験が続いていて、最初のコンタクトは小学4年の頃で、２０１５年の10月から再び宇宙人たちとのコンタクトが始まり、それ以来、地球人の意識を上げるために彼らから呼ばれる形でUFO映像や写真などを撮影するようになったそうです。

エネルギー体としての宇宙船やオーブとして現れた龍神などの姿をカメラに収め、これまでに撮影した数は何と2万点以上になるとか!!

川又さんのお店（「宇宙サロン」）の中にもUFOの写真がたくさん飾られていて、どれもすごいエネルギーを感じましたが、川又さんご自身も宇宙存在とのコンタクトによってヒーリング（チャクラ整体）ができるようになったそうで、全国からクライアントさんがひっきりなしにやってくるとのこと。

私もその場でチャクラの調整をしてもらったんですが、身体がすごく軽くなって、周波数の高さが実感できました。

川又さんは、宇宙人以外にも妖精や天使、龍神や縄文人とも出会ったり、またタイムワープの経験もあるそうで、まるでご自身が宇宙人のように何事にも囚《とら》われることなく地球での生活を楽しまれているようでした。

また、スピブームの中、知識や情報ばかり追いかけている頭でっかちの人が多いことにも疑問を呈し、「3次元の知識にふりまわされないことが大事。僕がやってるのも、ただシンプルに楽しみながら、みなさんの宇宙意識を上げるためのスイッチを入れている係をしているような感じかな」という川又さん。

そんなお話を聞いて、『わが家』のミルトンさんと波長が合った理由が納得できました。川又さんがコンタクトされている宇

UFOの写真が飾られている川又さんのお店で

宙存在たちも、きっとミルトンさんと同じように地球人の宇宙意識の目覚めを促すために川又さんと二人三脚で動かれているんだろうなと思います。

UFOとテレパシーでコンタクトに成功！ 地底人から衝撃のメッセージが送られてきた!!

川又さんと会ったおかげでUFOコンタクティとしての回路が開いたのか、2022年の春頃から頻繁にUFOを見るようになりました。

小さい頃から、見えない世界の体験はたくさんしてきていたのですが、正直なところいつも怖さはあって、決して馴《な》れているわけではありません。なので、UFOもそれまで何度か目撃はしていたんですが、あまり気にはしていませんでした。でも、徐々に至近距離ではっきりと姿を現すようになって、夜空に突然現れてクルクル回転したり、光を点滅させて明らかにこちらにコンタクトをしてきているのがわかりました。

最初の頃は鳥肌が止まらない状態で、「もし宇宙に連れて行かれたらどうしよう」

という不安もあって、あえてこちらから意識を向けることは避けていたんです。

でも、スピリチュアル界の大先輩である歌子さんの体験談を聞いているうちに「ほんまにあるんや！」と徐々に受け入れられるようになり、またOさんからも「不安や怖《おそ》れがあったら向こうもコンタクトしにくいらしいから、テレパシーで話しかけてみたら」と言われ、少しずつ恐怖心を解放しながら、思い切ってこちらからトライしてみることにしました。

初めのうちは「オーイ！」と手を振るところからスタートし、「初めまして！」「こんばんは！」「もし本当に宇宙人のＵＦＯだったら2回点滅してください」などと徐々に意識を送るようにしていました。

すると、ある日の夜、ベランダから外を見ながら**いつものように意識を送っていたら、ＵＦＯがこちらに向かってはっきりとわかるようにピカピカと2回光を点滅させたのです!!**

やっぱり通じた！！！

それからは、ＵＦＯが現れる前に気配を感じるようになったので、彼らが姿を見せるたびに「ハロー！」と言葉のない会話を続けながら、なるべくスマホで撮影するようにしました。

でも、いつも周囲に目印がない海の上空に現れてしかも夜が多いので、残念ながら川又さんのように鮮明な映像にはなりませんが、それでも周りの人に画像を見せると明らかに飛行機やヘリコプターではないことがわかってみんな驚かれます。

彼らにテレパシーが通じることがわかってから宇宙船が現れる回数も増えてきて、こちらも友達感覚で「おはよう！」「こんばんはー」という感じで語りかけるようにしたところ、定期的に同じ場所から現れるようになり、多いときは毎日のように姿を見せてくれました。

Oさんにもその話をしたら、「どこから来ている宇宙人か聞いてみたら」と言われたので、**テレパシーで聞いてみたら、な、なんと「地底から来ている」との応答が**……!!

そこで、そういえば、以前わが家の次男がそんなようなことを言っていたのを思い出しました。

次男も異次元の感覚を敏感に察知するタイプで、前々から「もうすぐマグマが動いてシャンバラから出てくるよ」などと、シャンバラ、シャンバラと何度も言っていたので、私が「シャンバラってネットで見たん？」と聞いても「いや、前から知っとった」と言うので、その頃は地震のことを言っているのかなとあまり気にも留めなかったのですが、私**にコンタクトをしてきていたのが、まさにそのシャンバラの地底人だった**とは！

シャンバラが具体的にどんなところかはよくわかりませんが、どうやら地球の中にある理想郷で、地球人よりも進化した人類（宇宙人!?）が住んでいるようです。

そこで改めて彼らに意識を向けたところ、次のようなメッセージを受け取りました。

要約するとこんな感じです。

地球外（上）から来ている宇宙人は、「外の班」で地球の掃除係。

彼らは、地球人が汚した外気や人間のネガティブな感情、低次元の意識などのエネルギーの汚れをきれいに浄化するのが役割で、そのために地球の外からやってきている。

それに対して、

シャンバラの地底人は、「地球の中心」を握っている最後の砦《とりで》。

彼らが地球人にコンタクトしてきたり、地上に出てくるのは最後の手段で、

いよいよ地球全体が大きく変化するためのラストチャンス。

要するに、外から汚れを掃除しに来てくれている宇宙人のサポートだけではもう間にあわない、なので、最後の砦である地底人が動いて地球人の意識改革、魂の覚醒を強く促していて、しかも今回がラストチャンスのようです。

例えると、地球人の病気が悪化していろいろと手当てを受けたけれどどんどん悪くなっていって、いよいよ最後の手当てを施す役目として登場してきたのが地底人。

彼らは、地球人に対して次のようなメッセージを伝えたいようです。

〈地底人からのメッセージ〉

地球人類は今、末期症状で緊急事態を迎えている

そのことに気づいている人たちがつながり、

共に手と心をあわせて何としてもこの危機を乗り越えてほしい。

それは全体の５％程度。その約５％の人たちが協力しあえれば

最後の特効薬となって、その光を地球全体に響かせられるはず。

もし、その魂の光の振動を響かせなければ地球の存続は難しい……。

あなたも、覚醒した魂たちとつながって、光の振動を増幅せよ！

「早く動くように！」と促されるような現象とシンクロニシティ

ＵＦＯとのコンタクトが始まってから、不思議な現象も頻繁に起きるようになりました。

ある日、Ｏさんとの電話中、玄関のインターホンは鳴らないまま、突然玄関の鉄の扉が開いたので、誰かが来たのかと思って見たら外には誰もおらず、それと同じような現象がOさんの部屋でも起きていたり……（地底人が直接訪ねてきた⁉）。

また別の日には、ミルトンさんが叔父さんの身体の中に入っていた頃に撮影していた動画を見ていたら、突然、地震でもないのに壁にかけていた額が床に落ちていて、しかもその額を留めていた鋲《びょう》だけはなぜか壁に差し込まれたままだったり……（瞬間移動⁉）。

前にも「チャンス」と書いてあった額が勝手に床に落ちたことがありましたが、このような不思議な現象はその後もずっと続くことになり、どうやらあり得ない現象を起こすことで地底人から「早く動くように！」と背中を押されているようにも感じます。

背後でミルトンさんが動いているのか、UFO現象と併せてシンクロニシティも頻繁に起きるようになりました。

ある日、Oさんから「たまたま『共鳴磁場』という雑誌を見ていたら、クミンさんの本とFTWビューラプレートが紹介されていましたよ」との連絡がありました。

どうやら、その雑誌は波動測定で有名な株式会社T．H．M．という会社が出している雑誌で、その中で吉野内聖一郎《よしのうちせいいちろう》さんという波動カウンセラー（有限会社T．H．M．ドルフィン代表取締役社長）の方がFTWビューラプレートのことを取り上げていたそうです。

波動測定器の下にFTWビューラプレートを置いて測定をしたら、ノイズがきれいに解消されて澄み渡った音になって聞き取れたので吉野内さんが「これはすごいこと」と高く評価されていて、ミルトンさんのコメントと本の写真まで掲載されていたとのこと。

それを聞いた私は、それなら新しくつくったNative石鹸もどんな波動値になるか調べてもらいたいなと思って、ダメもとで有限会社T．H．M．ドルフィンに直接電話をかけてみることにしました。

すると、普段は電話を取ることはないという吉野内さんが偶然電話に出てくださって、私が波動測定をお願いしたい旨お伝えすると、三重県にも専門的に波動測定をされている方がいらっしゃるとのことで中西俊幸さん（潜在意識リーディング協会認定オペレーター）を紹介してくださったのです。

さっそく中西さんの研究所を訪ね、Native石鹸の波動測定をしていただいたところ、最高のレベルで免疫値がかなり高いことがわかりました（先方のご意向で具体的な値は明かすことはできませんが）。

波動測定値をウリにするつもりはありませんが、一つの判断材料になるし、それなりに高い周波数が出ていることが確認できたというこのシンクロも、ミルトンさんのおかげかなって思っています。

石鹼のサンプルが届いた日、亡くなられた西銘会長が突然わが家に現れた!!

念願の浄化石鹼が完成したのは、何と言ってもビーワン・トリニティーを提供してくださっている環境保全研究所さんのおかげなので、私はぜひ、西銘会長にお目にかかって直接ご挨拶をさせていただきたいと思っていました。

しかし残念ながら、結果的にそれは叶《かな》いませんでした。

実は石鹼のサンプルができ上がったのがちょうど西銘会長がお亡くなりになった頃と同時期だったそうです。

ところが、まだそのことを知らなかったタイミングに何と……**西銘会長がわが家にやってこられた**のです!!

それは、ちょうどその日に石鹸のサンプルが届くという日のことでした。

私がトイレで用をすませて扉を開けると、左手に白い服を着た人がいるのが何となく視野に入りました。

私はてっきり白いワンピースを着た母親がそこにいるのかと思ってトイレから出て、改めてそちらを直視したら、ななな、なんと！　そこにいたのは西銘会長だったのです!!

それまで西銘会長には講演会などでお目にかかったくらいだったのですが、なぜかそのとき、私の目の前に白い上下の服を着た西銘会長が現れて、無言のまま私のほうを見ながら立っていました。

その瞬間、私はびっくり仰天して「ウワァー！」と大声をあげてアタフタしていると、西銘会長は足元からパラパラパラパラと消えるような感じで姿を消していかれました。

それだけでも心臓がバクバクなのに、さらにビックリな出来事は続きます。

インターホンがピンポンと鳴ったので出たら宅配便で、荷物を開けたらそれまでに見たことのない色の石鹸のサンプルが入っていたのです。

なぜ驚いたかというと、もうすでにいろんなカラーの中から選び抜いて色はブルーで決定していたので、てっきりそのブルーの完成品が届いたのかと思ったら、違う色の石鹸だったからです。

そこにあったのは、私が大好きな奇抜なロイヤルブルーで、担当の方の「発注をいただいた後にこのカラーのサンプルができたので、この色でも作れます」とのメッセージが添えられていました。

それまでにマックスの濃さでつくってもらっていたブルーを超える、より奇抜なロイヤルブルーが出せるのなら、「ぜひこの色に変更してください！」とお願いしました。

というのも、西銘会長が肉体を卒業されたことを知ってから、「会長の志の数ミリでも私に担える役割がありましたら、どうぞ私を動かしてください」と天に合掌していて、その答えがこのロイヤルブルーだと確信したからです。

サンプル品と共に会長の「あなたが望んでいたのはこの色でしょ⁉」という声が聞こえた気がしました。

多くの方々に愛され、必要とされてこられた西銘会長だからこそ、肉体を脱いでからもエネルギー体として**万人の浄化のサポートをしていかれる中で、私を介してこのすばらしいギフトを届けてくださったに違いない**、と受け取ったのです。

こうして念願のNative石鹼が完成したわけですが、あのときに西銘会長が姿を見せてくださったのも無償の愛の計らいだと、心から感謝しています。

伊勢神宮の正式参拝と禊を体験して日本の神様や神道とのつながりが深まった

Native石鹼が完成して間もなく、私にとってまた別の形で大きな変化をもたらしてくれた出来事がありました。

それは、地元の神社で神官をされているMさん（女性）と偶然20年ぶりに再会し、Mさんの案内で伊勢神宮で初めて禊体験をさせていただいて、それがきっかけでそれまであまり縁のなかった日本の神様や神道とのつながりができたことです。

伊勢神宮は地元なのでそれまで何度も参拝には行っていましたが、天照大御神（アマテラス）や皇室（天皇家）に対しては、なぜか心の中で少し距離を感じていて、それはたぶん私の過去世と関係があるんだろうな、くらいに思っていました。

ところが、Mさんと再会したときに、Mさんが一般の人を対象に禊体験を指導されていると聞き、そこで私はピンときて、「私のクライアントさんたちに呼びかけて一緒に2泊3日のワークショップのような形でやりませんか？」とお声がけさせてもらったところすぐに快諾してもらえ、Mさんの計らいで神宮での正式参拝と禊を体験することができたのです。

第1回の参加者は11人で、私を含めて全員禊は初体験でしたが、みなさん初めて触れる領域と2泊3日一緒に過ごしたことで、普段体験できない非日常を味わって心身共に解放されたようでした。

私も五十鈴《いすず》川に入ったときに「気持ちいいー!!」と身が引き締まる感覚になり、とてもいい体験ができたので、その後も月1、2回のペースで宿泊体験型のワークを開催することになり、日本の神様に対しても自然に親近感が湧いてきました。

川や海での自然との一体感、「今ここにいる」という自分を俯瞰《ふかん》で観る習慣、生かされていることの恵み、神様という高次元のエネルギー存在、神域や聖域の特別な感覚と何とも言えない安心感、そういったことを深く学ぶことができ、私はすっかり禊の虜《とりこ》になりました。

禊のための白衣を購入して、先導してくださったMさんからも「こんなに禊が好きな人初めて見たわ」と言われるくらいハマってしまったのですが、Mさんからすると、今のスピブームに乗っかった「パワースポットに行こう」的な軽いノリで参拝することは、神様のご神域に対してとても失礼なことだともおっしゃられていました。

確かに、正式参拝をして禊をしながら祝詞《のりと》の奏上を聴いていると、浮ついたスピ系の人たちの周波数とはまったく違うものだということがよくわかります。

いくら知識を詰め込んでも体験しないとわからないことがあって、何事もホンモノの体験に優るものはないってことですね！

ホンモノと言えば、禊体験のおかげで地元のすばらしい「お塩」に出会うこともできました。

というのは、神宮の五十鈴川の他に、二見《ふたみ》興玉《おきたま》神社がある二見浦の海でも禊を体験する機会があって、禊の前に身体を清める塩が地元の方がつくられている特別な塩だったのです。

二見興玉神社は、猿田彦大神《サルタヒコオオカミ》が御祭神ですが、沖合約700mの海中に沈んでいる神の依代《よりしろ》である興玉神石と、海上に見えている夫婦岩《めおといわ》が特に有名です。男岩（高さ9m）と女岩（高さ4m）の2つの岩が仲良く並ぶ姿から、夫婦円満や良縁成就を願う人たちがたくさん来られますが、昔は「天の岩門」と呼ばれていたとか。

伊勢神宮にお参りする前にこの二見興玉神社に参拝して海で禊をすることで、伊勢の神様からより大きな恵みを受け取ることができると言われています。

二見輿玉神社の夏至祭禊・鎮魂行法

限定された場所の海水を使って昔ながらの製法でつくられた「岩戸の塩」との出会い

禊の前のお清めに使うのは「岩戸の塩」というお塩です。Mさんが神社から4分ほど歩いたところにある岩戸館《いわとかん》という宿で購入されていたので、私もそこで初めて「岩戸の塩」のことを知りました。

海水のみを原料にし、他の塩や固結防止のための添加物は一切使用していない純国産自然海塩で、一口で「すごい、これはホンモノや！」と感じました。

昔ながらの製法で丁寧につくられているので、本来人間に必要な海の栄養分をたっぷりと含んでいて身体にやさしいのはもちろん、何かそれ以上の周波数の高さを実感したのです。

岩戸館のご夫妻によると、そもそも二見浦の塩は倭姫《ヤマトヒメ》とも関係しているそうで、ヤマトヒメが今の御塩浜から二見に入ったおり、そこで土地神である佐見都日女命《サミツヒメノミコト》に向かって「ここはどこの国ですか？」と尋ねたところ、サミツヒメは何も言わずに黙って堅塩《かたしお》（焼き固めた塩）を捧《ささ》げたという伝承が残っているそうです。

「岩戸の塩」をつくることになったのは、岩戸館の現在の大将が料理人として京都に修業に出た後、うつになったのがきっかけで、家族の病を何とかしてやりたいと思っていた大女将が塩の話を耳にし、天然塩のつくり方を知っているという元町長からも塩づくりをしてはどうかとの声がかかったことで有志に声をかけ、みんなで知恵を出し合って平成9年に「岩戸の塩」として誕生したそうです。

神前《こうざき》という内宮様のふもとの山からの伏流水が涌《わ》き出る海の限定された場所から汲《く》み取られた海水を使っていて、そのポイントからずれるとまったく違うものができあがるそうで、しかも、一般的には凝固剤という名の「にがり」が多い中、ここでは海水の上澄みだけでつくられた本物のにがりを世に出しています。

また、「塩づくりでは、海のことを知り尽くした漁師にアドバイスをいただきながらエネルギーの満ちている満潮の海水を汲み上げるのですが、その裏側では、長野や岐阜あたりに大雨が降ると1週間後にはその海水が薄まって塩がつくれないこともあります」とのこと。

ご夫妻からそんなお話を聞かせてもらって、天然の塩づくりは常に宇宙や神様と一体となりながら、それをさせていただくという感謝の気持ちを忘れてはいけないご神事のようなもので、まさに神憑《かみがか》りで命をつなげていく大切なお仕事なんだなと痛感しました。

この「岩戸の塩」は知る人ぞ知る塩で、愛用している人は重度のアトピーがよくなったり、不思議な体験談も多いとか。

禊体験のおかげで、このひときわ浄化力が高くてしかも美味しい「岩戸の塩」に出会うことができたのも、伊勢の神様のおかげのような気がします。

それ以来、普段の生活の中でもよく岩戸の塩を使わせていただいているのですが、岩戸館の大将がつぶやくように言っていた「人に必要なものをつくると神様は必ず助けてくださる」という言葉が今も私の頭の中を駆け巡っています。

■岩戸館 https://www.iwatokan.com/

目に異変が起きた後、今度は突然真っ赤な光の柱が出現し、海が赤く染まった!!

さらに不思議な出来事は続きます。

その一つは、定期的に禊をするようになってから私の目に異変が起きたことです。前から左目の目頭の辺りにごくごく小さなデキモノができていたのですが、禊をするようになってから、いつの間にかそれが大きくなっていることに気づいたのです。

私の感覚では、禊をするたびに少しずつ大きくなっていっていたようで、あるとき

Mさんから「それ痛くないの？」と聞かれて、鏡でよく見てみたら2㎜だったのが3か月で1㎝くらいに膨らんでいたので、一応眼科で診てもらうことにしました。

　診断結果は、皮膚の内側で垢《あか》や皮脂が溜まる粉瘤《ふんりゅう》という症状で、放っておくと細菌感染することもあるのでできれば手術をして取っておいたほうがいいとのことでした。

　そう言われて、すぐに手術をして取るかどうか少し迷っていたのですが、伊勢神宮で禊をするようになってから徐々に大きい玉になってきたので、「そういえば確かアマテラスも左目から生まれたんじゃなかったっけ!?　もしかしたら何かのサインかもしれないし、私に何か役割があってそれを果たしたら消えるのかも……。神様、私にできることがあれば何でもしますのでこの目のデキモノを消してください」と祈りながらしばらく様子を見ることにしました。

　実は、その左目の玉の意味はそれから数か月後にわかったのですが、その間、同じ年（2022年）のお盆明けに、またまた衝撃的な体験をしてしまったのです。

　それは、夜、何気なくベランダに出て海のほうを眺めていたときの話です。

　水平線の上に何かチカチカ光る物があるなと思ったら、**突然、真っ赤な巨大な光の**

柱が海に向かって立ち現れ、その赤い光が海に向かってズドーンと差し込んだかと思うと、その瞬間、今度は目の前の海全体が真っ赤な色に染まったのです‼

その間わずか数秒、「えっ⁉　何なん、海が赤いって？？」と私は目の前で何が起きているかわからず、一面真っ赤になった海に目が釘づけになったまましばらく見ていたのですが、ハッと我に返り、急いでネットで「赤い稲妻」や「赤い海」で検索しまくったのですが、私が目撃した現象はどこにも見当たりません。

その後でいろんな人に聞いてみても誰もわからず、流れ星や地震の前の発光現象などの自然現象でもないし、まったく謎のまま……。

そしてこの体験後、なぜか以前買ってあった美内すずえさんの『アマテラス』という漫画を無性に読み返したくなって、何度も読み返していました。

すると、そんなある日のこと、突然睡魔に襲われてウトウトしはじめ、

夢うつつの中で、女性の声で、

「大阪の下の下の地下にある古代の島を復活させなさい」

という声がはっきり聞こえたのです。

ハッとして起き上がってその言葉をメモし、その感覚が薄れないうちにいろいろ調

べました。

赤い光の柱や赤い海の謎を解くカギがこのメッセージにあることは何となくわかったものの、大阪の下の下ということは奈良か⁉　それとも島なら淡路島？　でも島を復活するってどういうこと？？

などと思っていたら、それから間もなく三重県が局地的な豪雨に襲われ、さらに衝撃的なビックリ現象が私の身に起こったのです。

Part 4

縄文の女性首長「名草戸畔《ナグサトベ》」の復活

雷光が胸を直撃した後、梛の王からの伝言、そして人の頭部を守っているビジョンが……

三重県が局地的豪雨に襲われたのは２０２２年8月25日、私が住んでいる地域にも大雨注意報と雷注意報が出されていて、ものすごい量の雨が降り、雷も激しく鳴り響いていました。

私の身に衝撃が走ったのは、まさにその日の夜。そのときは家族と一緒にリビングでくつろいでいました。

すると、外でゴロゴロと雷が激しくなったかと思うと、ピカッピカーッと雷光が走った瞬間、その**雷の光がまるでレーザー光線のようになって私のマンションの部屋の窓から入ってきて、リビングにいた私の胸をめがけて直撃した**のです。

家族もその瞬間を一緒に見ていたので、みんなびっくりしていました。

そして、雷の光が私の胸に当たった後で、

「梛《ナギ》の王からのお願いです」というメッセージが聞こえたのです。

大阪の下の下の地下にある古代の島、椰の王からのお願い……。

この2つのメッセージの意味は何だろうと考えていたら、今度はそれをビジョンの形で見せられたのですが、それはこんな光景でした。

小高い山の一角に小さな祠《ほこら》があり、私はその祠の中にいる。

祠の格子越しに外を見ると左手には海が見え、祠の裏には本殿のような建物がある。

祠には私を含めて3人が身を縮めるように隠れていて、

私は自分の手に大切な主《あるじ》の頭部（ヘルメットのような物体）を持っている。

下の海のほうから敵兵がやってきて、その中には日本人ではない風貌の兵の姿が見える。

敵兵は私たちを探していて、私たち３人は息を殺しながら祠の中に潜み、

私は自分が持っている主の頭部を「これだけは絶対に守らねば！」と

敵兵に主の首を奪われないように必死で守っている。

どうやら、**このビジョンは私の過去世**のようでした。

つまり、はるか昔、私はどこかの島にいて、争いに巻き込まれ、そのときに亡くなってしまった主の大事な頭部（首）を持って祠の中に逃げ込んだ。

そこで他の仲間たちと一緒にその首を敵兵に奪われないように死守していたということです。

それでいろいろと調べていたら、縄文時代の終わり頃、**紀伊半島に「名草戸畔《ナグサトベ》」という豪族の女王がいて、その女王が治めていた地域は名草山という神奈備《かむなび》（神の山）があり、古代の名草山のまわりは一面海でぽっかり浮かぶ島だった**とありました。

しかも、その**女王は神武軍との戦いで敗れ、遺体を３つに分けられて葬られている**

らしいことがわかりました。そこで、私が受けたメッセージとビジョンはこのことかも……と思ってOさんにその話をしたらちょうどOさんもその名草戸畔のことを調べていたらしく、ナグサトベについては、なかひらまいさんという方が『名草戸畔』（スタジオ・エム・オー・ジー刊）という本で詳しく紹介されていることもわかりました。

なかひらまい 著『名草戸畔』

縄文の頃、紀伊国の名草を治めていた女性首長「名草戸畔《ナグサトベ》」とは？

この本の監修者は、フィリピン・ルパング島のジャングルで30年間戦い抜いた元軍人の小野田寛郎《おのだひろお》さんです。

Oさんによると、以前小野田さんを取材したことがあったのが、なぜかまた小野田さんのことを改めて調べ直さなくてはと思ったらしく、それでちょうどナグサトベに行き当たったとのことでした。

ナグサトベについて知られているのは、次のようなことがらです。

・名草山を中心とする名草地方（現在の和歌山市と海南市）の古代縄文の女王で、約2000年前に実在したと思われる女性の首長（酋長）だった。

・『日本書紀』にわずかにひと言だけ「軍、名草邑《むら》に至る。則《すなわ》ち名草戸畔という者を誅《ちゅう》す」（神武軍に殺された）と記されており、ナグサトベの遺体は、頭、胴体、足の3つに分断されて3つの神社に埋められたとの言い伝えがある。

・ナグサトベの遺体を3つに切断したのは「神武の東征軍」という説と、名草の人たちが首長の死を悼んで3つに分けてそれぞれ丁重に埋葬したという2つの説がある。

・現在、ナグサトベの頭は「宇賀部《うかべ》神社」、胴体は「杉尾《すぎお》神社」、足は「千種《ちぐさ》神社」にそれぞれ祀《まつ》られており、宇賀部神社は「おこべさん」の愛称で、受験にも効く頭の神様、杉尾神社は「おはらさん」でお腹の病気に効く神様、千種神社は足の病気に効く神様として信仰を集めている。

・宇賀部神社（おこべさん）は、ナグサトベの子孫である小野田家が代々守り継いでいる。

小野田寛郎さん（故人）は、戦争が終わってからもたった一人で任務を遂行し続けていたことで話題になった方ですが、その小野田さんの実家がナグサトベの子孫だったことから、私とOさんはちょうど同じタイミングでナグサトベに辿り着いたことになります。

しかも、小野田さんが立ちあげられた「小野田自然塾」は、子どもたちの生きる意欲（脳幹）や人は決して一人では生きられないということを森のキャンプ生活を通して学ぶ場で、Oさんに言わせると小野田さんは縄文教育の実践者だったそう。

私がやりたいのもそんな縄文的な暮らしの復活なので、「これはもうすぐにナグサトベに会いに行くしかない！」という話になり、私とOさん、そして私が親しくしている2人の男性（地元のN君と大阪のM君）を伴って和歌山県海南市の宇賀部神社に伺うことになりました。

ナグサトベの遺体を3つに切断したのは神武軍ではなく、地元名草の人たちだった

出迎えてくださったのは現在宮司を務めていらっしゃる小野田典生さんで、名刺には「名草戸畔伝承の地　頭之宮おこべさん　宇賀部神社」と書かれていました。

宮司さんによると、宇賀部神社の上にはかつて小野田城があったそうで、周囲は小高い森に囲まれていました。名草山からは南東方向の内陸に入った高地で、昔は宇賀部神社のある辺りから4、5㎞先は一面海だったようでこの辺りが浮島だったというのもうなずけます。

名草山と現在の和歌山市が干潟となって陸続きになるのは縄文時代の中期から後期で、その頃に名草山をとりかこむ湿地帯に人々が住み始めたようです。この地の人たちにとって名草山は暮らしの恵みを授けてくれる有難い里山であり、神様が依代とする神奈備として信仰されていたのでしょう。

このことは、私が上からのメッセージで聞いていた**「大阪の下の下の地下にある古**

代の島」とも一致します。

　宮司家の小野田家にはナグサトベの伝承が代々口伝で残されており、小野田寛郎さんはご先祖からその話を聞いて育った最後の伝承保持者だったそうですが、現在はその任を寛郎さんの親戚に当たる小野田典生さんが引き継がれています。

　ナグサトベについての詳しい文献はほとんどないものの、名草地方の人たちの間では今も語り継がれていて、とりわけ、先祖であるナグサトベを宇賀部山のお墓に葬った小野田家では、今でも家に入る前に必ずご先祖のお宮にお参りする習慣が続いているとか。

　宮司さんによると、遠方から参拝に来られる人たちの多くはナグサトベのことを知って参拝に来られているそうで、それは２０２１年10月に小野田さんの半生を描いた映画『ＯＮＯＤＡ　一万夜を越えて』（フランス・ドイツ・ベルギー・イタリア・日本合作・第74回カンヌ国際映画祭出品）が劇場公開され

宇賀部神社

た影響も大きいようです。
私たちが伺った経緯を宮司さんに手短にお伝えした後、ナグサトベの伝承についていろいろとお聞きすることができたのですが、それは次の小野田さんのメッセージに集約されていました。（以下、宮司さんからいただいた資料より）

小野田寛郎メッセージ

小野田家には、実は先祖代々伝わる1つの口伝がある。小野田家の負けじ魂のルーツに関わる話である。今はもう、私がそれを継承する最後の1人になってしまった。中身は古代の神武天皇にまで遡るが、ひとことで言えば、小野田家は名草戸畔《なぐさとべ》という古代の首長の子孫ということだ。名草戸畔は『日本書紀』にただ1か所「神武に殺された」と出てくる。

私が聞いた口伝によれば、神武が全国を支配していく過程（神武東征）で、他の諸族は次々に屈服したにもかかわらず、和歌山の名草（現在の海草郡）の人々だけは名草戸畔がリーダーとなって迎え撃ち、神武軍を撃退した。それでやむなく神武軍は紀

伊半島を迂回して熊野に入らざるを得なかった。

実はこのとき名草戸畔は戦死したのだが、土地の人々はその死を悼んで、遺体を頭、胴体、足の3つに分断し、それぞれ別の神社に埋めてお祀りした。その頭《こうべ》を祀っているのが宇賀部神社（海南市、通称おこべさん）で、私の実家である。神社といっても、実は小野田家の先祖のお墓でもあるのだ。

だから、名草の人々は最後まで神武に屈服したとは思っていない。負けん気が強いのである。やがて神武が初代天皇として日本を統治するようになり、役人がこの地へやってきても、結局、治めきれなかったという。

こういう反骨精神は、今でも紀州人の中に流れているし、私も確実にそれを受け継いでいる。ジャングルでの戦いやブラジルでの牧場開拓は、こうした私の負けず嫌いの成せるわざだったかもしれない。

小野田寛郎さんの座右の銘（自筆）

宇賀部神社にあった梛の木とその写真に写っていた赤いハチマキをした女性

このことからも、小野田家には『日本書記』とは違う物語が伝承されてきたことがわかります。『日本書記』ではナグサトベは神武軍に殺されたことになっていますが、小野田さんは「ナグサトベは負けていない、殺されたのではなく戦死したのだ」とはっきりと断言しているからです。

小野田さんの言うように、神武軍はトベが率いる名草軍の激しい抵抗に遭ったために仕方なく紀伊半島を迂回して熊野に行き、一方、名草の人たちはトベの死を悼んでその主の身体を切断したとすると「なぜあえて3つに分けて葬ったのか?」という疑問が出てきます。

この点に関しては、女神の身体からいろんな食べ物が生まれるという食(穀)物起源神話がその謎を解くヒントになるようです。

『古事記』では、神々がオオゲツヒメという女神に食物を求めたときに、女神は自分の鼻と口と尻からさまざまな食べ物を取り出して神々に差し上げ、その様子を見ていたスサノオは汚い方法で料理を出したと怒ってオオゲツヒメを殺してしまいます。

その殺されたオオゲツヒメの頭から蚕が、目から稲が、耳から粟《あわ》が、鼻から小豆が、陰部から麦が、尻から大豆が生じたと書かれていて、『古事記』にも同じような穀物起源神話が出てきます。

殺された女神の身体から食物が生じるという話は、インドネシア、メラネシア、ポリネシアからアメリカ大陸にかけての広い地域に分布していて「ハイヌウェレ型」神話ともいわれるそうです。

女性酋長だった**ナグサトベは、おそらく卑弥呼《ひみこ》のような女性シャーマン、大巫女（巫女の長）で、名草の人たちにとっては女神のような存在。**だとしたら、穀物神話と同じように、当時の人々がトベの身体を「豊穣《ほうじょう》をもたら

す神聖なもの」と捉えていたとしても何ら不思議ではないはずです。

とりわけ、酋長は「首長」「カシラ」と呼ばれることからもわかるように、**女神の頭部（首）は最も霊力を宿す**と考えられていたのでしょう。

つまり、聖なる人の身体、特にカシラには大いなる霊力が宿っていて、そこからまた新たなイノチが育まれる、この生命（火と水）の循環の発想はまさに縄文的です。

現に、頭の宇賀部神社、胴体の杉尾神社、足の千種神社の3社は、それぞれトベの身体の部位と同じ病にご利益があるとされ、さらに稲の神（宇《う》迦《か》之《の》御魂神《みたまのかみ》）も一緒に祀られていることから、ナグサトベはまさに「豊穣の神」として崇敬されていたことがうかがえます。

縄文の頃、名草の人たちは女王トベを中心とした母系社会を営み、半漁半農の素朴で平和な暮らしを送っていたに違いありません。

そこに、突如、神武天皇率いる東征軍が押し寄せてきた。そして、その兵の中には帰化人も多くいたことでしょう。

トベや名草の人たちは争いを好まなかったけれど、自分たちの国を力ずくで支配されることは決して容認できなかった。

そのため必死で応戦したものの、多勢に無勢で、結局多くの戦死者が出て、女王トベも戦死してしまった……。

名草の人々は首長《カシラ》であるトベの遺体を神武軍に奪われまいと死守し、豊穣の女神として蘇ることを願って、その霊力の宿る身体を3つに切り分けて丁重に葬った。

私はきっと過去世でその場にいたんだと思います。

そして、今なお全国各地から宇賀部神社・おこべさんを訪ねてくる女性たちの多くは、ナグサトベに対する郷愁の念にかられて当地に引き寄せられているのではないでしょうか。

宮司さんに一通り神社をご案内いただいた後、私がビジョンで見た「格子のある祠」はどこかにないかと探してみたところ、もしかしたらこの辺りかも……という雰囲気の場所はありましたが、格子のある祠があったという記録は残っていないとのことでした。

いずれにしても、私はこの地に立ってみて、ビジョンの中で私が手に持っていたのはナグサトベの首に違いないと思い、**もう一つのキーワードの「梛の木」**について確かめようと、「ところで、こちらに梛の木はありますか？」と宮司さんに尋ねてみました。

すると、宮司さんがあっさり「梛の木なら境内にあります」と言ってその場に案内してくれました。それはちょうど私たちが宮司さんからナグサトベの話を聞かせていただいた建物のすぐ前にありました。

梛の木の前で記念写真を撮り、その後で他の2つの神社（杉尾神社と千種神社）も参拝させていただいてから、私たちは帰路につきました。

帰ってからスマホの写真をよく見てみたら、なんと、**梛の木の木漏れ日の中に赤いハチマキをして赤い着物を羽織ったような女性が写っている**ではないですか!!

「アレッ？　これ、もしかしてナグサトベさん!?」

美しすぎたゆえに不幸な死を遂げてしまった九鬼一族の初音姫

一瞬そう思ったのですが、実はそのときもう一人思い当たるふしがありました。

それは、**九鬼《くき》水軍の「初音《ハツネ》姫《ヒメ》」**です。

そのときになぜ初音姫を連想したのか、その理由をお話しする前に初音姫について簡単に説明しておきます。

初音姫は、禁じられた悲恋に命を散らした戦国時代の少女で、美しすぎたゆえの不幸を物語る「初音姫物語」として知られていて、それは次のような実話に基づいています。

戦国時代、志摩国の波切《なきり》城（現：三重県志摩市）に九鬼一族（水軍）の初音姫という美しい少女が住んでおり、その美しさゆえに国じゅうの地頭たちが結婚を申し込んでくるほどで、初音姫の父親は次から次へ断るのに苦労していた。

そして、父親は、初音姫を有力地頭である甲賀藤九郎《こうがとうくろう》に嫁がせようと政略結婚を決めていた。

しかし、初音姫には心に誓った相思相愛の相手がいて、それは地頭衆の越賀玄蕃《こしがげんば》の允《じょう》隆俊《たかとし》で、越賀一族は九鬼一族とはライバル関係にあった。

それを知った初音姫の父親は藤九郎との縁談を強引に進め、思い詰めた初音姫は、ある晩に皆が寝静まった頃に波切城から脱出して、越賀城の玄蕃允の許《もと》へ走った。

ところが、そこで藤九郎が待ち構えていて、怒りに任せて「九鬼一族の娘でありながら敵に通じようとは不届き千万、死ね！」とばかり初音姫の首を目がけて刀をふりかざした。

しかし、刀はなぜか傍にいた地蔵の首に当たって真っ二つに折れてしまう。

初音姫は、命は助かったものの逃げ切ることはできず、藤九郎に捕まってしまい、父親から折檻《せっかん》されたあげく、土牢に幽閉されてしまう。

それでも玄蕃允を諦め切れない初音姫はどうにか城を脱出し、最後の力を振り絞って一艘《そう》の小舟を漕《こ》ぎ出して玄蕃允に会いに向かう。

ところが、少女の細腕では熊野灘の荒波を乗り越えられず、小舟はすぐに浜辺に押し戻されてしまい、そこでついに自らの運命を悟った初音姫は心の中でこう誓った。

「人々はわたくしを美しいと褒めそやしたが、その美しさが我が身の不幸を招いたのであれば、二度とこの里に美しい娘が生まれませんように……」と。

そう念じた初音姫は自ら井戸に身を投げ、短い生涯に幕を下ろした。

初音姫の亡骸《なきがら》は、藤九郎の刀から身を守ったお地蔵さまの近くに埋葬され、それ以来、この里には美女が生まれなくなったそうです。

現在、そのお地蔵さまは、波切の「汗かき地蔵」（堂の山薬師堂）として祀られています。

と、ここまでが初音姫にまつわる伝承なのですが、実は、私の母方の先祖は初音姫が住んでいた波切地区の出身でした。

母の実家には赤い服を着た黒髪の人形があって、私は小さい頃にその人形が気になっていたのですが、どうやらそれが初音姫の身代わり人形（ハツネさん）だったようです。

母に確認したところ、先祖が九鬼水軍と関係があったのと、私の曽祖母が陰陽師系の霊能者で初音姫を大切にお祀りしていたとのことでした。

赤いハチマキのトべらしき姿は ヒミコやアマテラスのエネルギーとも重なりあっていた

当時、母方のご祖先が波切で茶店をしていて、あるときその茶店に初音姫がやってきて、「もし私が死んだら頭を鳥羽のほうに向けて葬ってほしい」と頼まれたことから、姫が命を絶ったあとにそのとおりにして祀ったところ、その後、曽祖母が初音姫からのメッセージを受けるようになり、その指示に従っていろんな人の病治しをしていたようです。

当時からの言い伝えによると、ハツネヒメを埋葬するときにお付きの人15人も一緒に埋葬したことから地元では「十六連さん」と呼ばれるようになったそうで、曽祖母は先祖代々続けてきた毎月16の日のハツネさんのご供養を欠かさなかったそうです。

その曽祖母は、ご霊さん（未成仏霊）を上にあげるときいつも自分の命を持っていかれないように身代わり札を胸の中に入れていて、そのお札や神具を幼い私に譲ろうとしたけれど私が病弱だったので母がそれを止めたらしく、私がその神具を目にしたのは大人になってからでした。

それだけ曽祖母は私に神事やハツネさんの供養を託したかったようで、今回私が宇賀部神社を訪ねる直前に波切の十六連さんを訪ねたのも、曽祖母に促されたような気がします。

十六連さんでは、「私で何かお役に立つことがあれば……」という気持ちで祈りましたが、そのとき私にはハツネヒメとナグサトベの思いが重なっているように感じました。

それは、**か弱い女性や子孫たちが政治的な争いに巻き込まれることなく、誰もが幸せに暮らせる社会であってほしいと願う、そんな女神の思い**です。

男たちの勝手な思惑や横暴さに潰《つぶ》される形でこの世を去ることになった彼女たちにとっては、たとえそれが時代の運命であったとはいえ、それだけに、力ずくの奪い合いや殺し合いのない平和な社会が訪れることを心から願っていたことでしょう。

これは宇賀部神社に行ってみてわかったのですが、**梛の木は「平和の象徴」として知られる熊野速玉大社の御神木**で、宇賀部神社にある梛の木も熊野大社から譲り受けたものだそうです。

その平和の象徴である梛の木に赤いハチマキをした女性の姿が写っていることに気づいたとき、「ナグサトベ？　ハツネヒメ!?」と2人が同時に思い浮かんだのは、2人のエネルギーが私の中で重なりあっていたからだと思います。

それと同時に、私の中では**赤いハチマキをしたトベらしき人の姿はハツネヒメだけでなく、ヒミコやアマテラスのエネルギーとも重なりあっている**感じがしていました。

まさにそれは、**女神たちのエネルギー**です。

赤いハチマキや袴《はかま》、たすきなどは今も神社の巫女装束として馴染《なじ》みがありますが、古代から赤い色は太陽の色、神聖な色、魔除《まよ》けの色として考えられていたようで、古代においても大巫女（巫女の長）たちが身につけていた色だったのでしょう。

今でも巫女舞や悪神を退治する神楽《かぐら》などで赤い装束の巫女が登場することから、ヒミコやアマテラスも赤いハチマキや装束を身にまとった男顔負けの勇敢な女王であったのかもしれません。

ちなみに、赤は第一チャクラの色でもあり、生命力、行動力、勇気を奮い立たせてくれますが、古代の赤色顔料としては、水銀を含む鉱物「朱《しゅ》」（水銀朱）が用いられていたそうです。

よく見かけるのは神社の鳥居の朱色ですが、朱は「辰砂《しんしゃ》」「丹砂《たんしゃ》」「丹《に》」などとも呼ばれ、空海が高野山を開いたのも近辺が朱の産地であったことが大いに影響しているとか。

また、宇賀部神社に行ったあとでわかったことですが、「戸畔《トベ》」という言葉は、戸女（戸の辺りにいる女）であり、同時に女性首長・酋長を指していることから、ナグサトベの他にも日本各地にトベ（戸畔）という名の女酋長がたくさんいたそうです。

中でも、和歌山・熊野・奈良の女酋長3人として知られているのが、紀の川のナグサトベ（名草戸畔）、熊野のニシキトベ（丹敷戸畔）、大和国層富県《ソホノアガタ》のニキトベ（新城戸畔）だとか。

　九州方面にも何人かトベたちがいたようですが、トベの研究家によると、女酋長たちは神武東征に始まるヤマト王権によって殺されたか、あるいは后《きさき》としてヤマト王権（天皇家）に取り込まれ、それ以降トベが「ヒメ」と呼ばれるようになったようです。

　つまり、古代日本（縄文時代）には太陽の女神のような存在としての女王（大巫女）がいて、人々の精神的な支えとなって平和な母系社会を営んでいたということです。

　ところが、いつしか政治的な力を持った男性主導の社会に変わっていき、そのため上（高次元の神々の世界）とつながる女性の巫女性や聖なる母性が損なわれて、その結果、争いが絶えなくなったのではないでしょうか。

梛の木の写真には女神と同じように平和を願っていた小野田さんも写っていた!!

宇賀部神社の梛の木の写真には、後日談があります。

私が撮った梛の木の写真には、赤い姿の巫女らしき女性以外にも別の男性が写っていて、それに気づいたのはわが家の長男でした。

長男も、確かに赤い姿の女性が見えると言ったので、

「他にも何か見える!?」と私が聞いたところ、

「ボクサーの内藤（大助）さんみたいな顔をした男の人も写ってる」と言いました。

「えっ、内藤さんみたいな顔した男の人!?」

そこで私は、もしかしてと思って宇賀部神社で撮らせていただいた若い頃の小野田さんの写真をズームアップして長男に見せました。

「そうそう、この人や！」（長男）

それまで私は気づかなかったのですが、同じ**梛の木の写真になんと小野田さんも写**

っていたのです!!

平和を象徴する梛の木に写り込んだ赤い姿の女性と小野田さん……。

そういえば、神社でいただいた資料の中に小野田さんのこんな言葉もありました。

人と人が殺し合う、究極の悪事が戦争だ。理不尽でも始まったら戦うし、勝つために手段を選ばない。戦争とはそんなものです。だからこそ絶対に始めてはいけない。

帰国した当時の小野田さん

戦争が終わってからもジャングルの中でたった一人で戦い続けていた小野田さんだからこそ、戦争の悲惨さは嫌というほど味わってこられたはずで、一旦戦争が始まってしまったらすべてが破壊し尽くされることを知っていたに違いありません。

だからこそ絶対に戦争を始めてはいけない――その思いは女神たちの思いと同じ。

肉体とは違って、霊的なエネルギーは同じ性質のもの同士が重なりあうようです。

それゆえ、私の見た赤い光の柱、真っ赤な海、そして梛の木の下に現れた赤い姿をした巫女……おそらくそれは女王ナグサトベであり、ハツネヒメであり、ヒミコやアマテラスでもあって、**だからこそ、そこにナグサトベの子孫であり、二度と戦争を起こしてほしくないと願っていた小野田さんも姿を現してくれた**のだと思います。

だとするならば、

「大阪の下の下の地下にある古代の島の復活」「梛の王からのお願い」の意味は、**トベたちが治めていた縄文の頃の共同体、人と自然が調和し、みんな仲良く平和に暮らせる時代を復活してほしい、それこそが、封印された大巫女、女神たちの切なる願い……**

ということになります。

そこで私は、これまで起きた出来事にはすべて共通点があったんだと腑に落ちました。

そして、**「新しい地球の子どもたちを守るために、今、できることをしよう！」**と心に誓いました。

高い能力と可能性、そして愛と光の精神で今の地球にやってきた勇敢な魂に対して、彼らと同じ**わらべ魂（赤子のような心）で接していく大人たちがいないと、この地球はダメになってしまう。**

なので、今こそ、天と地が協力しあってその新たな流れをつくるための最後のチャンスのとき――そんな感覚が私の深い部分から湧き起こって、**女神たちが「私たちがついているからやってごらん!!」と誘ってくれている**ように感じたのです。

これが、私が**「縄文の頃のような暮らしを取り戻すための子どもたちの塾をやろう」と決めた**理由です。

そんな話をOさんとシェアしていたら、二人共トベのことを意識するようになってからどういうわけかお互いに過去の記憶が動いたようで、そこで得た気づきを共有しながら「トベの復活は天の岩戸神話とも共通しているんじゃない!?」という話で盛りあがりました。

その内容（2人の解釈）をOさんがまとめてくれたのでここにあげておきます。

「天の岩戸開き」の私的解釈
――岩戸開きとは聖なる母性（トベ＝女神）の復活である！

■「アマテラス」と「スサノオ」

「アマテラス」とは、ヒ（太陽・火・霊）と祭祀《さいし》を司《つかさど》る大巫女（シャーマン）である。

女王・女性の酋長＝「トベ」であり「ヒミコ（卑弥呼・日の御子）」。

女性性・聖なる母性（女神）の象徴でもある。

「スサノオ」とは、政治を司る世俗の統治者である。

男性の王＝豪族の長（オサ）のこと。

男性性・土地の開拓者の象徴でもある。

■神話のシーン　その①

〈キーワードとその意味〉

高天原：女王が治める平和な国
天の岩戸：人里離れた山中の洞窟（または天界）

〈物語の解釈〉

母の愛に飢えた豪族の長であるスサノオは、母の愛を求めて諸国をさまよったあげく、やっと辿り着いた太陽国の女王であるアマテラスから、「私たちのこの澄み切った平和な国を汚す者ではないか？」と疑われてしまったために、自らの身の潔白を示そうとした。

しかし、勢い余ってひどく暴れまくり、そこで一人の女性を殺《あや》めてしまった。

その男の凶暴さに恐れをなした女王アマテラスは、人里離れた山中の洞窟の中に引きこもり、そのため人々を照らしていた「ヒ」（太陽・霊威）が失われて世の中に災いがまん延し、諸国は絶望的な状況に陥ってしまった。

■神話のシーン　その②
〈キーワードとその意味〉

八百万《やおよろず》の神々：高次元存在

オモイノカネ：5次元プロデューサー（演出家）

〈舞台設定〉

鶏の鳴き声：太陽（ヒ）の女神を復活させるための宣言（神楽の合図）

真榊《まさかき》に勾玉《まがたま》や鏡をかけた玉串：高次元エネルギーを集めるアンテナ（神々の依代）

アメノコヤネの祝詞：音霊《おとだま》（倍音・超高周波）による場の祓《はら》い清め

〈物語の解釈〉

高次元の神々は、女王アマテラスを岩戸から出して復活させるための方法をオモイノカネに託した。オモイノカネが考案したのは「太陽の女神を復活させるための神楽」の宴で、その効果をフトタマノミコトが占った後で、タマノオヤが勾玉を、イシコリドメが八咫鏡《やたのかがみ》をつくり、それらを真榊につけた玉串で場を祓い清め、アメノコヤネが祝詞を奏上することによってその聖なる響きを大いに轟《とどろ》かせた。

■神話のシーン　その③クライマックス

〈キーワードとその意味〉

アメノウズメが裸で舞を踊る：虐げられていた女性性の解放

アメノタヂカラオが塞《ふさ》いでいた岩を投げる：男性支配の終焉《しゅうえん》と女性主導社会への転換

岩戸を塞いでいた岩：悪しき男性のカルマ（支配欲や暴力性など）

神々の笑い声：歓喜のエネルギー（高次元の波動）

岩戸開き：聖なる母性（太陽の女神）の復活

〈物語の解釈〉

清められた場で、女性巫女が生まれたままの姿で自由自在に舞を踊り始めると、その様子を見た高次元の存在たちは、祝福のための歓喜の声をあげた。

そこで何が起きたかのを確かめようと女王アマテラスが内側から岩戸を少し開いたときに鏡が差し出されて、自分から放たれているまばゆいばかりの光を見る。

その瞬間、霊性を帯びたその陽の光をさらに表（下界）に引き出そうとして力自慢のアメノタヂカラオがアマテラスの袖をつかんで外に連れ出し、それまで岩戸を塞いでいた大きな岩を遠くに放り投げた。

こうして、世の中は再び明るさと平穏を取り戻すことができた。

男性の内なるブロック外しによってもたらされた女性性の解放と太陽の女神の復活

こうした天の岩戸伝説は、日本神話の里である宮崎県の高千穂だけに限らず、全国各地に残っています。

このことからも、ディテールや専門的な解釈はともかくとして、おそらく当時の人々は、後世の人たちに対する教訓として次のようなことを伝えたかったのではないかと思います。


〈岩戸伝説が伝える教訓〉

・古代日本社会では、高次元の神々の声を仲介する大巫女（女王）がこの世の女神（精神的な支柱・権威）として国を統治していた。

・やがて時代を経て、男性の権力者が力による支配を強引に推し進め、その権力を用いて各地を支配下におさめていった。
・男が力による支配を正当化する裏には、女神（神女）による神託の軽視と聖なる母性愛の欠如があり、そのため分離・対立意識から序列や優勝劣敗に執着するようになり、世の中が殺伐として人々の間の調和や平和が損なわれていった。
・やがて、男性同士の陣取り合戦（争い）が極致に達して災いがまん延し、いよいよこのままではすべて亡びるとなったとき、一部の男たちは自らを省みて己の愚かさと過ちに気づき、そこで調和と平安をもたらす女性性の働きと世を照らす太陽神（女神）の復活を心の底から願うようになった。
・反省した男たちは、女性たちが輝ける社会を復活させようと知恵をしぼり、人々の憧れの的であった巫女のリーダーである女神を迎え入れるために場をきれいに整えて、女神主導の理想社会（祭祀が主で政治は従）の再建を誓った。
・男性の力による支配（暴力性）というトラウマから解放された女性たちは、自らの感性と潜在能力を思う存分開花させ、歓喜のうちに魂の舞を披露した。
・その日を待ちわびていた高次元の神々たちは祝福の歓喜の声をあげる。その瞬間、神と人が愛と調和のエネルギーに包まれ、その心地よい神楽のバイブレーションに誘われるように陰に隠れていた大巫女（女神）が洞窟の隙間から外を覗《のぞ》いた。
・そこで悪しき男のカルマを克服した男性が、太陽の如《ごと》くまばゆいその光を再び覆ってはならないと、渾身《こんしん》の力を振り絞って岩戸を塞いでいた大岩をつかんで遠くに放り投げた。
・この岩は男性の悪しきカルマ（内なるシャドー）のシンボルであり、その力自慢の男性は岩戸の入り口と投げた岩に注連縄《しめなわ》を張って、己の力の誤用によって二度と太陽（ヒ・霊威）が隠れることのないよう自らの悪しきカルマを封印した。
・かくて、男性の禊によってもたらされる女性性の解放と太陽の女神（トベでありヒミコでありアマテラス）の復活・復権の意義が後世の人々に神話として伝承されていった。

今こそ、すべての女性が持っている女神性、聖なる母性の復活が求められている

このように、後世への訓話として残された天の岩戸伝説は、**男性の暴力性や争いに嫌気がさした女王（この世の女神）が天の岩戸に身を隠し、そこでやっと自らの罪穢《けが》れに気づいた男たちが禊をして、巫女たちと共にこの世に女神（聖なる母性）を復活させた神楽の原点となる実話だった**のではないでしょうか。

だとしたら、これは遠い過去の物語でもないし、単なるおとぎ話でもありません。

今、私たちが直面している、待ったなしのリアルタイムの問題です。

巷《ちまた》では、近々核戦争や第3次世界大戦が起きるのではないかと言われているくらい事態は深刻さを増してきていますが、その根底にあるものは支配欲や暴力性などの悪しき男性のカルマだからです。

もちろん、女性は関係ないわけではなく、過去に男性として生まれていたり、政治的な問題を男性に丸投げしていてはそのとばっちりを受けるのは女性や子どもも同じです。

そもそも、男性の欠点を補うことができるのも女性の賢さなので、男女共に内なる岩戸開きが求められているのは明らかでしょう。

そして、その内なる岩戸開きが、聖なる母性＝女神の復活を意味しているならば、まず何よりも女性性の解放が必要で、それによって縄文の頃のように女性たちが尊重され、誰もがイキイキと輝ける平和な社会へと転じることができるはずです。

そのためには、まず男性たちの禊、すなわち、これまで男性が行ってきた横暴さや暴力性（自分勝手な考えや支配欲）に対する心からの反省と謝罪が不可欠です。

すべての女性、女神のみなさんへ
私たち男性の弱さや愚かさが、これまでずっとあなた方を苦しめてきました。

心から反省しています、ごめんなさい。

世界を救うのは　あなた方の中にある女神のエネルギーです。
今こそ、女性のチカラが必要なときです。
私たち男性のエゴ、そして世俗の欲得や対立を超えて、
高次元の神々の声を聴き取り、天と響きあう女神のエネルギーが必要です。

今こそ、その内なる女性性・女神性を思う存分に発揮してください。

あなた方が秘めている、闇世を照らす太陽のようなその光を

ぜひどうか、惜しみなく放ってください。

私たちの、すべての子どもたちの笑顔のために。

もし、これまでのように男性のエゴやカルマを許し続けていると、「力には力を」「武器には武器を！」の考えがエスカレートし、やがて世界は確実に破滅へと向かうでしょう。

高天原から追放されたスサノオも、男性の

愛の玉
母なるエネルギーで
地球を包み込むのです…
平和だった あの頃に
もどすトキがやってきたのです
目覚めよ女性たちよ♡
ヨッ!!
女神代表
アマミキヨから
はい!!

象徴である髭《ひげ》と手足の爪を切られて遠く離れた国に送られ、そこでやっと反省し、ヤマタノオロチを退治することで禊をしたのちに晴れてクシナダヒメと添い遂げて子どもを授かります。

そこでスサノオが詠んだのが、日本最初の和歌とされる「八雲立つ 出雲八重垣 妻《つま》籠《ごみ》に 八重垣作る その八重垣を」という歌でした。

このことからもわかるように、

本当に強い男性とは、自分の力を支配欲にまかせて誇示するのではなく、みんなの平和のために使うことができる人である、

ということを諭しているのではないでしょうか。

力ずくで他者や自然を支配したり、国と国の間においても武器を持って戦うのではなく、相手の霊性に働きかけるよう知恵を尽くしてとことん話しあうのが本来の外交であり、そこにはすべて元は一つであるという相手への信頼（女性性）と高次元の意識（聖なる母性）がなければできません。

戦争で死ぬことだけが男性の役割ではなく、戦争に至らないように知恵と死力を尽くすのがより高次の役割・使命であるはずで、そして、そのように諭すことができる

のがこの世の女神たちです。

男性がこれまでの罪穢れを祓い、縄文時代のように心から女性を尊重し、女性と共に平和を創り出すこと――それが現代における岩戸開きなのではないでしょうか。

女性が尊重される社会とは、子どもたちの笑顔が絶えない柔らかな社会であり、聖なる母性とは、どんな存在に対してもわが子のように接することのできる高次の意識であって、それは智慧《ちえ》ある愛。

であるならば、

今私たちが直面している悪しき男性原理の極致としての世界戦争や環境破壊をくい止めるためには、

私たち地球人類の心の中にヒ（霊性）を灯し、

共に永遠のイノチを育むことのできる聖なる母性を一刻も早く復活する必要があり、それだけに、現代の女神たち（トベ・ヒミコ・アマテラス）の登場が切に望まれます。

（まとめ／小笠原英晃）

Part 5

今こそ、この世の女神たちによる「女神革命」を！

左目の腫れは女神のエネルギー、みんなで一緒に新たなイノチを産むことに！

ちょうど宇賀部神社から鳥羽に戻ってきた翌日（8月31日）、左目の玉（粉瘤）を取る手術をすることになっていました。

もちろん、もうその時点では、それがただの腫れ物ではないことに気づいていました。

ナグサトベ、ハツネヒメ、そしてヒミコやアマテラスも一つの同じ赤いエネルギー。

その女神のエネルギーを新たに産みだすために現れたのがこの左目の玉。

ならば、私もその女神たちのエネルギーを引き継がせていただこう。

そんな思いで「みんなで一緒に産みましょうね」と心の中で誓いました。

それは、まさに**女神の復活であり、女神たちによるこの世の改革、女神改革**です!!

これまでの男性の横暴な古いやり方、もう必要のなくなったものを全部手放して、この世の女神たちの新たなエネルギーによって、誰もがイキイキと自分を表現し、そしてみんなが調和できる平和な社会を新たに創っていく、それが女神革命です。

私にとっての女神革命は、縄文再生と共に**子どもたちの誰もが笑顔になれる塾を立ち上げることで、塾の名前は「シャングリラ」**。

小さなことかもしれませんが、それが私なりの女神革命です。

左目の手術（出産）日、嬉しいことに、そんな思いに天が「いいね！」を示してくれたかのような現象が現れました。

まず、粉瘤は涙腺の上にできていたので美容面での配慮をしてくださって、担当医は女性のドクターでした。

そして、手術室に入ったら、その場にいた人たちがすべて女性!!　ナースや研修医を含む**15人くらいの女性たちに囲まれた中で、私は無事左目からの出産（!?）をすることができた**のです。

と、ルンルン気分で手術室を出て、その話を私の後に手術をして出てきた人にしたら、「えっ、手術室には2人のお医者さんとナースの3、4人しかおらんかったよ」とのこと。

そこで、私は「ウッソー!?　私の周りにはもっといっぱい女の人がいてくれたよ」

と言ったのですが、私の目にははっきり女性の姿をした〝人〟として見えていて、ベッドの両サイドと足元や頭のほうにも確かに15人いて、みんなで私のほうを見ていたのです。

仮に、私の後に手術室に入った人が、3、4人研修医が部屋を出た後だったとしても、どう考えても人の数が合いません。

この15人の女性たちに囲まれた不思議な左目の手術（出産）体験は、私にとっては間違いなく女神たちからの祝福だったと思います。

実は、祝福されているなという気配は、手術前から感じていました。

手術をする当日、病院に向かうときに、私が乗っている車の上だけ急に雨が降ったかと思うとその後に車を包むようにすごく低い位置に2回も大きな虹がかかったことや、手術をした病院が伊勢市の倭姫宮《やまとひめのみや》（皇大神宮別宮《こうたいじんぐうべつぐう》）と神宮の内宮のちょうど中間に位置していたことも、決して偶然ではないと思えるからです。

なので、手術をするときにまるで赤ちゃんを授かったような感じで「一緒に産みましょう」と誓った中には、同じ女神のエネルギーである**倭姫（ヤマトヒメ）**も含まれていました。

ヤマトヒメはアマテラスを伊勢に導かれた方ですが、夫となる天智天皇との間に子どもは授かれなかったという話を聞いたことがあったからです。

「倭」「天河神社」というメッセージ、そしてその直後から始まった耳鳴りの意味とは？

ここまでくるとまるで「女神、全員集合ー！」ですが、手術後、それを確信させてくれるようなメッセージが降りてきました。

夢の中で**「あなたの目から生まれた存在に名前をつけてあげましょう」という声と共に、「倭」という文字が浮かび上がった**のです。

そして、そのとき**「天河《てんかわ》神社に行くように」**という言葉も同時に受け取りました。

とはいえ、天河神社には行ったこともないし、何をしに行くのかもわかりませんでした。

それから間もなくして、今度はそれまで経験したことのない耳鳴りがし始め、またもや次なる展開が訪れることに……。

それまでも耳鳴りのような音はたまに鳴っていたのですが、そのときの耳鳴りは人との会話にも支障をきたすレベルになったので困り果て、知人のトミーにもその話をしてみたら、「もしかしたら耳で何かの音の周波数を取ろうとしているんじゃないですか!?」と言われました。

トミーは情報通で、いつもこまめに情報を伝えてくれていたので何かわかるかと思ったのです。その頃、私は赤い光の柱を見た直後で『アマテラス』シリーズを何度も読み返していたんですが、ちょうどそんな話題になったときにトミーが「『アマテラス』のCDアルバムも出ていて、でも今は絶版になっているらしいですよ。もしかしたらそのことかも。それとそのCDをプロデュースしている森由里子さんという作詞家の方の本をOさんが担当しているみたいです」と教えてくれました。

そこで、私にとっては精神世界のドラえもん的存在のOさんにその話をしたら、作詞家の森

『スピリチュアル・ソングブック アマテラス』

さんのことをよくご存じで、しかも『スピリチュアル・ソングブック　アマテラス』のCDアルバムを持っているので「貸しますよ」と言ってくれて、すぐに送ってもらうことができました。

『アマテラス』のCDアルバムは、美内さんの漫画本を元にプロデュースされており、地球の岩戸開きがテーマのようでした。

楽曲の中には「宇宙・源の記憶～アカシックレコードより～」「天浮舟～プレアデスからの囁き～」「ラ・ムー」「岩戸開き」等々の祈りや癒しの波動に加えて、**天河神社の柿坂《かきさか》宮司の祝詞を上げる声**なども入っていて、その音をBGMのように流しながら聴いていたら、何とあれほどうるさかった**耳鳴りがピタッと止まった**ではないですか!!

それまでずっと止まらなかった耳鳴りが『アマテラス』のCDを聴いてみごとにピタッと止まったということは、岩戸開きのエネルギーを思いっきり浴びで完全に調律がなされたということ!?

新たに与えられた古民家、それは私にとっての女神革命の拠点となる場だった

そんな不思議なことが起こる少し前に、とても嬉しい出来事がありました。

それまで住んでいたマンションから、一軒家を借りて家族で引っ越そうと計画していたのですが、運のいいことに、地元の不動産屋さんのサイトで広い庭と農地つきの古民家を見つけることができたのです。

不動産屋さんによると、その物件情報はちょうど私がサイトを見た数日前にアップしたばかりだったそうで、もしもっと遅くに見ていたら他の人が契約していたかもしれず、きっとこれも女神たちのサポートのおかげだと思います。

というのも、私にとっては新居となるその古民家に残されていた古いお寺のお札などをきちんと整理して、大家さんのご先祖さまにご挨拶した後で、夜、自宅マンションに戻って寝ていたら夢にアマテラスとヤマトヒメが出てこられたのです。

でも、そのときはいつもと少し様子が違っていました。

まず私の身体が金縛りになり、30分くらいまったく動けない状態がずっと続いていて、そのうちに今度は身体が宙に浮いたまま左に回転するようになりました。

そして、耳元で「ヒータリ、ヒタリ」という声が聞こえてきたかと思うと、その声の奥に**アマテラスさんとヤマトヒメさんがいらっしゃった**のです。

でも、私の身体はずっと左にグルグル回り続けていて息も絶え絶えになり……そこで、**二人の女神に向かって**宣言しないといけない感じがしたので、**必死の思いで「やります！」と言ったとたん、私の身体の動きがピタリとおさまり**ました。

これまでの経験からわかるのは、金縛りになったのは未成仏霊がたくさん集まっていたからで、たぶんそれは古民家の敷地にあった防空壕《ごう》で亡くなられた兵隊さんたちで、その方々を二人の女神たちが上にあげてくださったのだと思います。

「やります！」とは言ったものの、具体的に何をやればいいのかなと思っていたら、すぐにまた答え合わせになるようなことが起きました。

一つは、大本系の審神者《さにわ》の方にそのときの話をしたら、「あんたは幽界のことをやる白虎やから」と言われ、私にはハツネヒメを祀っていた曽祖母と同じような役目があることを再認識させられたこと。

もう一つは、その数日後、たまたまテレビをつけた瞬間に朝のテレビ番組で天の声が流れていて、そのときの「これはもう天の声にしたがうしかない」というフレーズがポーンと私の中に入ってきて、やっぱり私の身体は神事に使っていただくのが役目なんだと再確認したことです。

もうおわかりのように、私が「やります！」と誓ったのは私なりの女神革命です。

それは、ちゃんと上（高次元）とつながった縄文的な平和な暮らしの復活、そしてそれを実践するための場がシャングリラという塾で、**私にとっての女神革命の拠点となる場所が新たに与えられたその古民家だった**のです。

ここまでくると、これまで起きた不思議な出来事は、すべて私がこれからやろうとすること（塾）に対する後押しであり、応援だったんだという確信が持てました。

『わが家』の本を通してつながった人たちと「ホピの予言」

縄文の女神たちに導かれるようにしていろんな動きが加速する中で、それとシンクロするような人との出会いも続きました。

精麻《せいま》で龍をつくっている龍神《りゅうじん》弥勒《みろく》（本名・織田）さんも、その中のお一人です。

織田さんは夢のお告げで「龍を奉納しろ」と言われたのがきっかけで、麻の注連縄で龍をつくっている人に弟子入りした後、試行錯誤しながら天と地・天と人をつなぐ精麻から採った自作の伊勢の龍を完成させたそうです。

そして、その龍のエネルギーが入った伊勢の龍を神社や慰霊のために奉納したり、依頼のあった方々に波動測定鑑定書と共に自作の龍を納められています。

そんな織田さんと一緒に精麻の龍を広める活動をされているのが、古川舞麻さんです。

舞麻さんは自然健康分野に詳しく、私がお二人と知り合ったのは、織田さんが龍の波動測定を依頼された研究所の方から『わが家』の本と私のことを紹介され、すぐに舞麻さんが本を買って読んでくださって、ＦＴＷを使った酵素玄米の勉強会の問い合わせをいただいたのがきっかけでした。

織田さんも舞麻さんもそれぞれにスピリチュアルな体験をされてきたようで、２０２１年にはお二人でアマミ舞創始者の花柳鶴寿賀《はなやぎつるすが》先生にアマミ舞・龍神祝詞の冠を奉納されたとのこと。

アマミ舞は、地上天国を創るために天と地をつなぐ舞だそうで、「あわのうた」などの言霊を発しながら舞われるそうです。

■龍神弥勒の公式サイト https://profile.ameba.jp/ameba/ryujin-miroku
■ブログ https://note.com/ryujinmiroku

そんな龍のエネルギーを持ったお二人からご紹介していただいたのが、ホピ族に詳しい村上みりこさんでした。

みりこさんは『植物のスピリット・メディスン』（ナチュラルスピリット刊）という本の翻訳をされていて、ホピの人たちと一緒に生活をされた経験もあり、

アマミ舞の花柳先生（左端）
中央右が織田さん、左が舞麻さん

精麻でできた織田さん作「白龍」

「ホピの予言」を映画化した宮田雪《きよし》監督とも交流されていたそうで、「ホピの予言」ついてはこんなふうにおっしゃられています。

『私はホピの長老マーチンが「私たちはしばらく耐えなければならないだろう」と語っていた言葉がずっと心にかかっていて、コロナが来たとき「マーチンが言っていたのはこのことだ！　世界が止まった！」と思ったのですが、実際には止まることなく、今また新たな（？）戦いが繰り広げられようとしています。

　予言の石板にあった「2つの◯|」が広島・長崎に落ちた原爆を指していて、3つ目が第3次世界大戦のことなのではないか（解釈は色々あるようです）と囁《ささや》かれてきましたが、私はそれを信じる気にはなれませんでした。

　でも、ここ最近の流れを見て、マーチンがインタビューの中で、今また一つの戦いが始まったばかりで、これは簡単に終わらないと語っていたのはこのことだったのか

エリオット・コーワン著
『植物のスピリット・メディスン』

と認識を改めました。そして、改めてマーチンが語っていたことを噛みしめる必要のあるときがやってきたのだと確信した次第です。

と言っても、必ず世界が二分されて戦いに明け暮れる日々になると悲観的に見ているわけではなく、母なる力、女性性、祈りの力（平和への思い）を高めていくことだと感じています。大きなことができる立場にあるわけではないので、日々祈る気持ち、平和な波動をできるだけ保つこと、そんな思いを新たにしています』

私も、みりこさんとまったく同感です。

ホピの人たちと同じように、精霊や自然と共に暮らしていた縄文の頃の女神文明をもう一度取り戻すことが大事で、そこに向けて一人ひとりが上とつながってそれぞれのお役目をはたしていくことが、結果的に世界破滅への道を回避することにつながるんじゃないかと思っているからです。

また、ホピの神話では「今我々は第3の世界に住んでいるが、第2の世界にはホピの祖先は地下に住んでいた」とあり、そしてもし今後世界戦争が起きてアメリカ中が戦場となってもホピの人々は決して武器をとって戦わずに一旦心ある人たちと地下に潜り、神様が出てきてもいいと言って地上に出るときは「第４の世界」になっている、との伝承があるとか。

この話を聞いて、もしかしたら私にコンタクトをしてきている地底人とも何か関係があるんじゃないかな⁉という気がします。

天河神社に行く前に沖縄の知人に誘われて参加したあるイベント

ここから、再びビーワン・トリニティーに関連した最近の出来事を中心にお話ししたいと思います。

まず、驚いたのは、西銘会長が霊体でわが家に現れて半年ほど経った頃に、はからずも西銘会長とのつながりを再確認させていただく出来事が起きたことです。

２０２２年の9月に入って、沖縄で地元のラジオのパーソナリティをされている知人のみおさんから連絡があって、首里城と奈良の天河神社をつなぐ「市民一万人の祈り」というイベントがあるので来られませんかというお誘いがあり、それに参加するつもりで沖縄に行ったのが事の始まりでした。

みおさんとは、沖縄でFTWの代理店をされている方を通じて知り合ったのがきっかけで、以前、みおさんがやられているラジオに招かれてミルトンさんのことをお話しさせてもらったり、また地元のユタをご紹介いただいて会いに行き、そのときユタさんから「あんたはヒヌカン（火の神）を祀って神様と遊んでいたらいい」と言われたこともありました。

今回、みおさんが誘ってくれたイベントは、次のような主旨でした。

9月23日午前10時3分、「日本が秋分点を迎えるこの時間に1万人の祈りを結集し、戦争で破壊されたままになってきた沖縄首里城の弁天堂に再び弁財天像を安置し、日本の安寧と繁栄を祈りましょう」という主旨で、天河神社の柿坂神酒之祐《みきのすけ》名誉宮司がビデオ出演され、首里の弁財天堂を開く会会長・神谷孝さん、阿部敏郎さん、さとうみつろうさんなどが呼びかけ人のようでした。

「天河神社に行くように」というメッセージをもらっていた私は、その4日後の9月27日に個人的に天河神社に参拝に行く予定を立てていたのと、沖縄は西銘会長の出身地でもあるし、もしかしたら沖縄と天河をつなぐお役目があるんだったらそれをさせていただこうという気持ちで沖縄に行くことに……。

渡航日の直前、私が沖縄の首里城に行くにあたって、織田さんからご自身がつくられた伊勢の龍を奉納してきてほしいと頼まれたので、その龍を持って沖縄に飛びました。

首里城に着いて、円鑑池《えんかんち》にある弁財天堂前に行くと周りは工事中でした。

そこでみおさんたちと合流したのですが、その中にいた元バスガイドだという女性と伊勢の龍を奉納する場所の話をしていたら、「それはここじゃなくてこっちだと思うわよ」と言いながら彼女が私を人気《ひとけ》のないほうに案内してくれました。

門の裏側にある御嶽《うたき》に着いて、彼女が「ここが神様が降りられる場所」と言われたので、私はその場に織田さんから預かってきた伊勢の龍を置いて、「伊勢から来ました……」と深々とお祈りをさせていただきました。

それからまた龍を持って弁財天堂に向かったのですが、大勢人が集まっているのかと思ったらパラパラ程度の人しか見当たりません。「アレッ!?　ここで皆で祈るんじゃないの?」と少し違和感を覚えたのですが、とりあえずその場にいる人たちと話をしていたら、横で元バスガイドの女性が誰かに電話をかけて私のことを話している様子……。

どうやら、沖縄のお知り合いをご紹介くださるためにセッティングをしてくださったみたいで、私は彼女に言われるがままその場を離れることにしました。

というのも、首里城と天河神社をつなぐ「市民一万人の祈り」というわりに主催者の姿はどこにも見えず、弁財天堂の裏ではガタガタと工事の音が響いていて神聖な儀式が執り行われる雰囲気もなく、スタート時間が過ぎても弁天様のエネルギーを一切感じることもない……（あくまで個人的な感想ですが）。

すると、その場にいた人が「なんかＺｏｏｍでやっているみたいですよー」と言っていたので、オンライン上だけのイベントならここにいても仕方ないなと思ったからです。

なので、午後からはみおさんのお宅におじゃまさせていただくことにしました。

沖縄でサンゴ再生の立役者に出会うことができたのも西銘会長の陰のお計らい!?

その場にいた人たちは私にとっては初めて会う方々でしたが、みんなでランチを取りながら楽しくおしゃべりをしていたら、たまたま私が携帯していたトリニティーの話題になって話に花が咲き、そこで西銘会長の話も出たのです。

実は、そのときにわかったのが、元バスガイドの方が声をかけられていたのは西銘会長がとても懇意にされていた沖縄在住の陣内義浩《じんないよしひろ》さん（ニックネームはジンカムさん）で、彼がその場に来られていたのです。

私がそれに気づいたのは、ランチが終わって私が席を立つ数十分前の出来事です。

この絶妙なタイミングは、ミルトンさんが地球にいた頃も何度も体験させられましたが、またもや天の配剤で、この流れの先にはすごいことが待っていて、もう私はそれを受け入れるしかないんだろうなと観念（!?）しました。

陣内さんは、海の森である沖縄のサンゴを復活再生させるためにトリニティーゼット（生体融合型光触媒）を使った取り組みをずっと続けてこられた方です。

その取り組みのおかげで、沖縄の宮古島や久高島、久米島などのサンゴが徐々に蘇ってきていて、私も以前久高島に見学に行ったことがあったのでジンカムさんの名前だけは知っていました。

沖縄では、島民の方々にトリニティーゼットやビーワンを使ってもらうことによって、海が浄化されて、現地の人たちも「それ以外に説明ができない」と不思議がるほどサンゴが再生してきていているんです。

■関連サイト　２０２１・５・30「第１回海の森サンゴ再生プロジェクト発表会」

YouTube https://www.youtube.com/watch?v=oTBouXFuOhw

海の森サンゴ再生は、西銘会長の悲願でもあり、ジンカムさんは今も孤軍奮闘しながらその活動を続けられているご様子でした。

そこで私は、「今回の沖縄はこっちがメインやったんや！」と思い、ちょうどそのとき西銘会長からのメッセージを受け取っていたのでそのこともジンカムさんにお話ししたら、とても共感していただけました。

今回の出会いは西銘会長のお計らいに違いないと確信した私は、「微力ながら、会長の思いをみなさんにお伝えさせていただきます」と心の中で誓いました。

しかも、その日の夜は、ちょうどビーワンプロジェクトオンライン勉強会の日。

そこで、水・企画の長田社長と一緒に私が少しだけお話しさせていただくことになっていたので、私は一人で沖縄のホテルからアクセスし、ミルトンさんにまつわるこれまでの経緯についてお話しさせていただきました。

ところが、オンラインで話すのは馴れてなくて、つい舞い上がってそのときは西銘会長のメッセージまではお伝えすることができませんでした。

Part 6

沖縄の祖霊神「アマミキヨ」と女神のエネルギー

「誰もが神の子である」その意識で自分を愛することで他者を愛することができる

ビーワン・トリニティーを普及されている方々に、亡き西銘会長からのメッセージをお伝えする——再びそのチャンスが与えられたのは、２０２２年10月10日、姫路で開催された水・企画20周年記念のビーワン・トリニティー感謝祭の場でした。

実はその日、私の体験談について1時間ほどお話しすることになっていて、「きっとこれも西銘会長のお計らいに違いない」という気持ちで伊勢から会場まで向かいました。

感謝祭には、販売代理店の１００名近くの人たちが集っていました。

主催者である水・企画の長田大社長は、美容師時代にビーワンに出会い、通常ではあり得ない体験をされただけでなく、これが地球の環境問題を解決するためのプロジェクトの一環だと知ったのがきっかけで20年ほど前からビーワン・トリニティーを扱うようになったそうです。

長田社長によると、とりわけ西銘会長のお人柄に惹《ひ》かれたそうで、その会長からは直々に宇宙の原理に則《のっと》った厳しい経営指導を受けてきたとのこと。そのせいか、感謝祭の記念品にいただいたTシャツには、サイババさんのモジャモジャ頭をしたご自身のお顔がプリントされていました（笑）。

私に与えられた講演時間の中では、ミルトンさんがわが家にやってきたときの経緯とビーワン・トリニティーに関するエピソードなどをお話しし、そして最後に、参加者の方々に西銘会長の次のメッセージをお伝えすることができました。

〈西銘会長からのメッセージ〉

それ（ビーワン・トリニティーの普及）をさせていただける自分に感謝して、謙虚な姿勢で、地球、宇宙に関わりなさい。

やっている、やってあげている、という意識のままでは何も変わらない。

誰もが神の子であると受け入れ、その意識で自分を愛することで、他者、自分を愛することができるようになっていきます。

選ばれし魂ではなく、魂そのものがそれを選択したのなら、自然とそれはそう流れ

ていく、その意識を持ってください。

このメッセージを受け取ったとき、私自身も原点を再確認させられた感じがしました。

地球環境の浄化に役立っているつもりで、知らない間に、やっている、やってあげているという意識になってしまって、本質から遠ざかっているかもしれないからです。

以前、サンゴが再生した状態を見に久高島に行ったのも、本質からズレないために、ちゃんとその場のエネルギーを肌で感じ取って自分の目に焼きつけ、常にそことリンクできるよう原点を忘れないように、という気持ちからでした。

なので、この西銘会長からのメッセージも何度も何度も読み返すようにしているのですが、特に今は、自分がどんな意識を持って生きているかがとても大事な時期に入っているように感じます。

誰もが神の子であり、そのように自分を愛し、人を愛することができているか？
自分の魂が選択したことをちゃんとやっているか、真剣に向き合っているか？
いつの間にか、やっている、やってあげているという意識になってはいないか？

このことは、ビーワン・トリニティーのことを知らない人たちにも同じことが言えるのではないでしょうか。

たとえ健康や環境にいいものにしても、またエネルギー（波動）グッズなどいくらそれ自体がいいものであったとしても、扱っている人の意識が本質からズレてしまうと扱うもののエネルギーも下がってしまうことがあるからです。

まして、今のままではいろんな面で危うくて、元は一つだという意識に立ち返らないと手遅れになる状況が近づいているし、何事に対してもみんなつながりあっているということを常に意識しながら関わらないとつい「自分は特別」という選民意識になってしまう、だから西銘会長もあえて「謙虚な姿勢で」とおっしゃられたのだと思います。

私がお世話になっている水・企画20周年記念の感謝祭という記念すべき日に、このすばらしい意識触媒を世に出された西銘会長からのメッセージをみなさんにお伝えできたことは、私にとって本当に幸せでした。

アポなしで天河神社へ、幸いにも今の宮司さんと柿坂名誉宮司にお会いできて……

弁財天に関するイベントでたまたま西銘会長の故郷である沖縄に行くことになった後で、西銘会長からのメッセージを環境保全に取り組んでいる方々に共有させてもらい、しかもその4日後に天河弁財天に行くことが事前に決まっていた……まさに天の配剤に一寸の狂いもなし!!

というわけで、9月27日に天河神社に参拝に行ったときの話をしておきたいと思います。

まず、その日は織田さんに案内されてアポなしで天河神社に向かいました。もちろん、柿坂宮司にお会いできるかどうかはわかりませんでしたが、ご縁があればつながるだろうという思いで向かうことに……。

目的は2つありました。一つは、織田さん作の伊勢の龍を天河神社に奉納させていただくこと。そもそも首里城の弁財天堂では龍を奉納できる場所もなかったので、織田さんにそう伝えたところ、沖縄に納めるはずだった弁天様関連の龍なので天河神社に奉納させていただこうということになったのです。

もう一つの目的としては、私が『アマテラス』のCDの中の柿坂宮司の祝詞奏上の声を聴いて耳鳴りが止まり、「天河神社に行くように」とのメッセージを受けたことと、沖縄と天河神社の弁天様のエネルギーをつなぐというイベントについて柿坂宮司のお考えを直接お聞きしたいという気持ちがありました。

天河神社（天河大辨財天社）に着き、今の宮司さんにお声がけをしたところ、幸いにも柿坂神酒之祐名誉宮司（令和4年3月にご退任）にもお引き合わせくださり、お二方にご挨拶することができました。

私は自分の体験について手短にお話しした後で、沖縄のイベントについてお尋ねしたところ、「主催者側のインタビューに応じただけでイベント自体には関係ありません」とのことで、織田さんの伊勢の龍の奉納については、柿坂名誉宮司から「改めて11月以降にお越しください」とおっしゃっていただきました。

そこで「はい、また改めて伺います」とお伝えし、織田さんは後日（12月5日）神官のMさんと共に天河神社を訪れて、無事、注連縄龍と古代真菰《まこも》を奉納され、一方、私のほうは新たな課題を与えられたようで、その後も思いがけない展開が待っていました。

柿坂名誉宮司にお会いした後、なぜか私はまた沖縄に行かないといけないような気がしていました。

もしかすると、沖縄には弁財天が祀られている場所があって、その女神のエネルギーと天河神社をおつなぎするのが私に託されたお役目かもしれない、と直感的に思ったからです。

それには理由があって、以前メッセージで「アマミキヨ」という言葉が降りてきて、沖縄のアマミキヨに関連する場所に行ったことを想い出したのです。

その当時はよくわからなかったのですが、よく考えてみたら弁財天もアマミキヨも同じ女神、なので、改めてアマミキヨについて調べてみたら次のようなことがわかりました。

沖縄の祖霊神「アマミキヨ」と久高島の御嶽で思い出した過去世の記憶

アマミキヨとは琉球民族の祖霊神で、神話によると日《ヒ》の大神（最高神）が琉球を神の住むべき霊所であると認めたことから、アマミキヨが国づくりのために最初に下界に降り立った場所が久高島だそうです。

ちなみに、アマミキヨはイザナギとイザナミを合体したような女神でもありますが、アマミキヨ（国母）と志仁禮久《しにれく》（国父）の間に生まれたのが天帝という説もあるそうです。

そして、琉球（沖縄）の島々をつくり、天帝からいただいた一組の男女を住まわせて二人の間から三男二女が生まれ、長男が王、次男が按司《アジ》、三男が百姓、長女が大君（国の神女）、次女が祝女《ノロ》の始まりとなったという伝承が残っています（他にも諸説アリ）。

長男の王は「天孫《てんそん》」と称し、天孫氏の王統は25代（1万7800年余り）まで続き、天孫氏王統のときに沖縄本島を「国頭《くにがみ》」「中頭《なかがみ》」「島尻《しまじり》」の3つに分け、島民に農耕を教えたり、城をかまえて「首里」と命名し、各間切《まぎり》の区画も定めたとあり、現在アマミキヨによってつくられた聖地の中で最も神聖な場所が、琉球開闢《かいびゃく》の七御嶽と言われています。

また、沖縄では昔から女性には特別な霊力が宿ると信じられており、その最も顕著な例が「おなり神」信仰です。おなりとは姉妹のことで、その最高位が聞得大君《きこえおおぎみ》です。聞得大君は、いわばこの世の女神のような存在で、祝女《ノロ》の頂点に立ち、琉球王国最高位の権力者である国王と王国全土を霊的に守護するものとして崇《あが》められ、さまざまな儀式を司ってきたそうです。

ある資料によると、1470年から1875年までの約400年にわたって15代の聞得大君が琉球王府の神事を支えてきたものの、第4代の聞得大君の時代、薩摩藩（島津軍）による軍事進攻（1609年）以降、女性神官としての聞得大君の地位は徐々に衰退していったようです。

このように、琉球（沖縄）でははるか昔から女神信仰があって、これまで私が経験してきたナグサトベをはじめとする女神たちともつながっているのは間違いないと思います。

そんな中、アマミキヨに意識を向けていたら、私の三男が生まれる前に久高島に旅行で行っていたことをフッと思い出しました。

それは2013年頃、三男が生まれる1年ほど前のことです。

たまたま旅行で沖縄に行くことになり、直感的に久高島に立ち寄る計画を立てて、そのとき初めて久高島を訪ね、その後で本島の斎場御嶽《せーふぁうたき》にも行きました。

中でも特に印象に残っているのは、男子禁制の聖地として守られている久高島のフボー御嶽です。

島の中心部にあり、沖縄の七御獄でも最高の聖地らしく、草木の一本も穫《と》ることが許されない場所で、島の神女が祭祀時にのみ入れ、元々は男子禁制で、今は女性も立ち入り禁止になっていました。

その御嶽の入口には礼拝用（!?）の大きな石があり、私はその石に頭をつけてお祈りをしたのですが、その瞬間、過去世らしきビジョンが一瞬見えて、「あぁ、私はここでご神事をやっていた！」という感覚が蘇ったのです。

そして沖縄旅行から帰ってきたら、間もなくして、それまでなかなか妊娠しなかったのに突然「授かりました」というメッセージがあって、その直後に妊娠したことがわかり、それから約10か月後に三男が誕生したのです。

「ガジュマルの下で逢いましょう」というメッセージとアマミキヨが住んでいた洞窟

そんな記憶が蘇ってきたこともあって、再び沖縄を訪れることにしたのですが、今度はその直前になって原因不明の高熱にうなされることになり、ボーッとした意識の中で**「ガジュマルの下で逢いましょう」**というメッセージを受け取りました。

「やっぱりこれは何かあるに違いない！」と思い、すぐに沖縄に飛びました。

みおさんにそれまでの経緯を話したところ、じゃあぜひこの方に会ってみたらいいというので、みおさんから郷土史家の伊敷賢《いしきまさる》先生（琉球歴史伝承研究所代表）を紹介してもらうことができました。

伊敷先生は、マスコミへの取材対応や講演活動がお忙しくて普段はなかなかお会いできないそうですが、アマミキヨの話をしたら幸いにも会っていただくことができ、先生のご著書を紹介いただくと共に「久高島のガジュマルに行ってみては？」と勧められました。

「えっ、いきなりガジュマル⁉」とさっそくメッセージの謎解きが始まりました。

伊敷先生によると、アマミキヨは個人名ではなく「海《アマ》（天）美人《ミチュ》」という海洋民族の名称で、何と天皇家のルーツに当たるそうで、そのアマミキヨ族が最初に沖縄に辿り着いたのが久高島だと思われるとのことでした（詳しいことは琉球歴史伝承研究所刊の『琉球伝説の真相』をご参照ください）。

伊敷賢著『琉球伝説の真相』

ということは、**天孫族の祖先であるアマテラスはアマミキヨの子孫ということになり、琉球王国と古代ヤマトは同じ女神信仰を受け継いでいた**ことになります。

そもそも、弁財天も元はインドのサラスヴァティという女神なので、伊敷先生が勧めてくれた久高島のガジュマルに会いに行けば、いよいよ女神のルーツに辿り着けるかも⁉

そんな気持ちで久高島のガジュマルがある場所に行ってみたら、天空からものすごい光のシャワーがその場に降り注いできました（写メに撮って後で何人かに見てもらいましたが、それが尋常な光ではないことはみんな感じ取ったようでした）。

そこで私が受け取ったのは、言葉によるメッセージでなく、まばゆいばかりに輝く慈愛に満ちた光そのもので、神＝宇宙＝自然、そのことをキョーレツに体感しました。「ガジュマルの下で逢いましょう」と言ってくれたのは、まさにヒの女神のエネルギーそのものだったのです。

久高島で女神の光を浴びたことで、またもや私の中で変化が起きました。

その日は久高島に泊まったのですが、夜中に赤いスポットライトのような光が窓から差し込んできて、その直後、めまいが起きたように体ごとグルグル回り続ける感

光のシャワー

覚に陥ったのです。

どうやらこの体験も私の過去世と関係があるみたいで、その日は大雨が降っていて、私がヤッケを着て外をウロウロしていたら観光客に地元の人に間違われるというエピソードもあり、それだけ久高島に溶け込んでいたのかもしれません。

久高島の伊敷浜に上陸したアマミキヨが、その後に移り住んだとされる現在の糸満市にある伊敷轟《とどろき》ガマ（トゥドゥドゥチガマ）にも行ってみました。

ガマというのはかつて人が住んでいた鍾乳洞《しょうにゅうどう》で、ガマ内の拝所の一つがアマミキヨの墓だという伝承もあります。

その洞窟に入ってみたら、なぜか急に体が熱くなってきて、全身の毛穴から尋常ではないくらいの汗が流れ出してきました。

まるで、私の身体というご神体が自然に振動（神動）していく感じで、アマミキヨの女神たちの周波数と響きあっているようでもありました。

伊敷先生によると、沖縄の原初の女神《イブ》はこの伊敷轟ガマに祀られているとか。

そして、この伊敷轟ガマをはじめ他にもいくつかあるガマは後に太平洋戦争時の避難壕となり、平和学習の場として高校生などが修学旅行で訪れてきてはいるものの、この場が1万年前の古代人（南の島から黒潮に乗ってやってきたアマミキヨ族たち）の住居だったことを説明できるガイドは残念ながらいないそうです。

伊敷先生と出会えたおかげで、沖縄の女神（アマミキヨ）のエネルギーに触れることができた私は、そのご報告をかねて再び天河神社に向かうことにしました。

再び柿坂名誉宮司に会うために天河神社へ

2022年12月7日、その日天河神社では山の神さまをお祀りする祭事が行われていて、午後祭事が終わってから、柿坂名誉宮司宅でお話を伺うことができました。

柿坂名誉宮司からお聞きしたことを、ここにまとめさせていただきます。

・今の人は小学3年生レベルで物事の本質を知らない。私は若い頃から命がけで本当のものを求めてやってきて、日本中の霊能者や神業者も知っているが、今の人たちを見ていると、本当の霊的な世界がどういうものかを知らずにただ自分たちの感覚だけ

で動いていて、その結果、人心を惑わしている。

・古代日本の本当の姿、「言霊」の本体を知らずに、人間界の珠《マニ》だけを求めてしまって、本体である神《カミ》を知らない。そんなことでは神様や森羅万象に対して恥ずかしい。言霊の本体は和歌にあり、本体であるカミを呼び起こしていけるよう掘り起こしをしてほしい。

・これからは「組織」は終わり。会社にしても宗教にしても、学問、経済にしても、世の中の組織が全部ひっくり返って、新しい世の中になる。特に今の子どもたちは透明になってきているから、これまでの組織中心の時代は終わっていく。

・弁財天の本体は、琉球沖縄ともつながっている。芸能の神ともいわれるが、その本体はオン（音）、言霊の世界であり、森羅万象を生かす音のヒビキそのもの。あらゆるものを生かしながら、栄えさせ、成長させていくエネルギーであって、それは地球環境だけに留まらない。

・私はこれまで地球を2周するほどの距離を回りながら、それぞれの地域のネイティブ（先住民）たちの海の神、山の神などのいろんな祭りを見てきたが、そこから学べることがある。それは、自然界の神々に生かされているという感謝の心を持ちながらみんなで共同体をつくってきたということ。神社《ヤシロ》ができたのはその後で、天武天皇以降の話。

・昔からそのような共同体は世界各地にあって、どこが源流かよりも、人々の思い（オモヒ）が大事。自然の中で暮らしている先住民たちは、すべての存在はオン（音）から生まれたことを知っている。

・もし何か霊的に感じたとしても、そこから本体である神（カミ）に辿り着くまで、命がけで、尋ねて、尋ねて、尋ねてみることが大事。そこで自分の気がおかしくなりそうになるくらい必死になれれば、そこで初めて本体が見えてくる。「かむつどえにつどえたまい（神集えに集え給ひ）」というのはそういうこと。

・今の世の中では恵まれていない人や、女性のほうが本当は力がある。神の世界でも女神が一番力を持っているように、女性たちが覚醒すれば世の中が変わるし、男は眠っているようなもの。夫婦でも旦那が嫁さんを見くびっているとえらい目に遭う。女性が本気で力を出したら男性たちは吹っ飛んでしまう。

・だから、貧しくとも命がけでやってほしい。命がけというのは神様の中に入り込んでいくこと。そこで「すべてが有難い」という境地に至れる。

・すべては「意識」から生まれ、意識だけが連綿と続いていく。そして、人の意識、思いの中に入っているカルマを浄化するのが供養。もう組織宗教は終わり、一人ひとりの意識の覚醒が求められている時代なので、命がけの体験を通して覚醒した人が増えれば世の中はいい方向に変わっていく。

・言霊的に言うと、これからは「アマテラス」という言葉はなくなって、「アマテル（ヒメ）」になる。テラスというのは「照らしてやる」という上からの命令言葉。そう

ではなく、自然界の太陽（神）は見返りを求めず淡々と照っているだけなので、アマテル、そして女神なので、アマテルヒメになる。だから、これからはぜひ「アマテルヒメ」という言霊を使ってほしい。

宮司からいただいた言霊とその直後に訪れた試練、そして再び赤い光が出現！

柿坂名誉宮司からお話を伺っている間、私はまるで人型をした神様の言葉を聞いているような気持ちになっていました。

神と一体となることの本質がテレパシーのような感覚で伝わってきて、私の中の深い部分にスイッチを入れてくれたような気がします。

そして、「女神アマテルヒメ」、まさかここに来て宮司さんからそのような言葉が聞けるとは思わなかったので、驚きと同時にすべてが一本の線でつながったように感じました。

最後に、宮司さんに「私に必要な言霊をください」とお願いしたところ、「循環」

という言葉をいただきました。

循環――まさにこの言葉は、私が意識していたことだったので、これからも重視していこうと思いました。

それと共に、**「これから先、孤独になることもあるでしょうが、自分の道をしっかり歩いて行ってくださいね」**というお言葉もいただきました。

この言葉も、今まで生きてきた私とこれからの私に対する励ましのメッセージとして私のハートに深く刻まれました。

きっと、柿坂名誉宮司はすべてお見通しだったんだと思います。

なぜなら、あまりにも不思議な体験が続いたせいか、その直後に私は精神状態がおかしくなって、すべて投げ出したい思いや行き場のない思いが溢れだし、とても耐えがたい日々が続いたからです。

そのとき、心の支えになったのが柿坂名誉宮司の言葉と、そして再び出現した赤い光でした。

私の心を襲ったのは「孤独」それも究極の孤独感でした。

天河神社から戻ってから、なぜか自分でもどうしようもないくらいに追い詰められて、夜海を見ながら「本当にこれでいいのか？」「でも、やっぱり私にはムリです！」などと一人でつぶやいていました。

するると、以前、赤い光の柱が出現した場所の少し横から、今度は突然赤い光の球のようなものが海上に現れたのです。

「諦めるな！」

赤い光の球はそんなメッセージを送ってくれたように感じ、私は号泣しました。

孤独感にさいなまれる中で、小野田さんの言う「反骨精神」という文字が頭の中を駆け巡っていたのですが、その真意を、言葉を超えたコミュニケーションによってトベさんが伝えてくれたんだと思います。

この世の女神であるトベさんやアマミキヨたちは、どんなにひどい仕打ちを受けようとも、決して最後まで諦めることはなかったように……。

私は、我に返って、柿坂名誉宮司の言葉を思い出しました。

見えない何かとつながってお役をさせていただくときには、そんなことは当たり前で、まして**新しい地球に創り変えることを決めてきた魂なら、そんなことぐらいでへこたれていてはダメ！**

柿坂名誉宮司はそれを見越して「自分の道をしっかり歩いて行ってくださいね」と言ってくださったんだ、と。

そこで、私は、**私の中の孤独という最強の敵**に気づかされました！

でも、私は私に負けない!!　誰が何を言おうと、私は自分自身を信じ切る。

おかげさまで、こうして私の内なる神と本当の意味でつながれた機会をいただけたのです。

ここまでお伝えしてきたことは、すべて私自身が実際に体験してきたことです。

改めてふり返ると、大自然の神々の存在を肌で感じ、女神たちからのメッセージを受け取らせていただいたこと自体、本当に感謝しかありません。

結果的に、今回の本ではミルトンさんに代わって女神たちからのメッセージとそれにまつわる私の体験が主になりましたが、これも高次元の計らいだと思っています。

今のままだと、地球や世の中はもっと破壊の方向に進んでしまって、人類はこれまでに体験したことのない世界を受け入れないといけない状況に陥ってしまうかもしれません。

そこで問われているのは、私たち一人ひとりが、頭ではなくハート（心臓＝神造）

で本質をキャッチして、軌道修正や方向転換をはかれるかどうかです。

　かく言う私自身も、次の新たなる世界、女神が復活した地球の再建に向けて、必要とされる魂、スピリットとして存在できるように、しっかり魂を磨いていかないといけないいなと思っているところです。

ヨッ!!
女神代表
アマミキヨから
愛の玉
アマミキヨ
母なるエネルギーで
地球を包み込むのです…
平和だった.あの頃に
もどすトキがやってきたのです
目覚めよ女性たちよ♡
はい!!

☆ミルトンさんからのメッセージ

最後に、強く印象に残っているミルトンさんからのメッセージをご紹介しておきます。

◎身体が喜ぶ塩とってるか⁉

地球に来るとき
一番最初にいるところはどこだ？
お母さんの海水の中だろ！
一番先に口にするものは何だ？
お母さんの中の塩水だろ！

体調が悪くなって
身体に流す水はなんだ?

生理食塩水だろ!

地球人には海水が必要なんだ!!
それも　良質な海水だ!

鼻水も血液も体液には
自然な塩が混じってるんだ!

地球人はバランスのよいことを「よい塩梅」って言うんじゃねえのか?

何事にも塩をキーワードにしてきた地球人だ!
塩を変えれば身体が変わる血が変わる　地が変わる!

地球が変わる！

ヒトの始まりに海水があったこと　忘れてないか？
当たり前すぎてスルーしてないか？

食の方程式は　そこから始まってんだ！
そこから　外れると病気で思い出すように設定してあるはずなんだけどな!!

「食事で治せないもの（病気）は医者でも治せない」って
ヒポちゃん*から聞いてないのか！

とにかく　地球が生み出した　海出したバランスに戻すことだ！

＊ヒポちゃん＝ヒポクラテス（古代ギリシャの哲学者）

◎審美眼＝神火元を磨きな！

今からこれを磨いてねーと
自分で自分を　家族を　大切な人を
守れなくなるタイミングに突入したぞ！

上っ面じゃなくて
その奥にある確かなものを見抜ける眼を磨いて
地球を卒業するって約束してきたんじゃないのか？

◎魂の記憶を思い出せ！

宇宙　地球　自然と同期して
平和で安全な暮しの手伝いをするって決めた
記憶を思い出すだけでいいんだ！

◎裏があれば表がある！

裏があれば表がある
どっちも必要で　どちらかにするなんて不自然だ！
裏も表も受け入れて　ただそこに存在《いる》だけ！
それが今の地球人に必要なんだ！

◎今をないがしろにするな！

みんな先のことばかり心配して
〝今〟をないがしろにしてる！
大事なのはこの瞬間　今、今、今、
心配を手放す決心をしろ！

おわりに

最後までお読みくださり、ありがとうございました。

本文で出てきた「シャングリラ」というのは、実は私が20代の頃にやっていた雑貨屋の屋号です。

そのときに初めて自分の店舗を持って、オーラソーマやフラワーエッセンスなどを使いながら個人セッションを始め、みんなのココロのオアシスになれればいいなと思ってこの名前をつけました。

その後、カフェをしたり飲食関係のお店に勤めたりしながら、今のような看板を出さない隠れ家サロンに落ち着いたわけですが、この本で述べたようにここ数年不思議な体験が次々と起きてきた中で、私なりの女神革命の塾をスタートさせるにはシャングリラ（理想郷）という名前がピッタリだと思ったんです。

歌子さんにもこの話をして、改めてホロスコープを見てもらったらこんなことを言われました。

「雷の光が降りかかる。そのことで閃《ひらめ》きが増し、深い所からやってくる真の自分との対話が始まる。それは今までの自分の生きざまを全部捨て、新しい世界に入れというメッセージ。強烈な電気が働いている。２０２３年２月×日からこのことが本格的に始動する」

私が「雷の光はもう胸に入ってきたけど」と言うと「早いわね！」と驚かれましたが、そう言われてみると、確かにあのとき雷の光が私の胸に入ったことで何かがスパークし、そこから女神たちとのご縁がつながっていったのは確かなような気がします。

２０２３年2月というと、ちょうどこの本が出版される頃（当初の予定は2月でした）だと思いますが、さあ、いよいよそこからが私の女神革命の本番です！

はてさて、今度はなにが起こるのか!?

みなさんもぜひ楽しみにしていてくださいね!!（笑）

胡桃のお（Cumin）

胡桃のお　Cumin（クミン）

三重県伊勢志摩生まれの40代シングルマザー。

2000年、ヒーリングサロン「Flora」を創業。人間本来の本能「食う、寝る、遊ぶ」をコンセプトにしたブランド「animal passion」を2022年に旗揚げ。現在は、海の見える隠れ家サロンにて、相談者にとって「今、必要なメッセージ」を伝えるヒーリングセラピーやセミナーなどを行っている。

幼少期に腎盂炎を患い、毒素の排出機能が低下し不調をきたす辛い経験から、食の大切さを実感し、酵素マイスターの資格を活かしながらFTWプレートやビーワン・トリニティー商品を使った「解毒できるカラダづくり」を提唱。

発酵玄米や味噌といった「酵素」×「発酵」素材をテーマにした料理のワークショップも不定期で行っている。

著書『わが家に宇宙人がやってきた!! 金星人ミルトンさんに教えてもらったこと』（ヒカルランド刊、＊著者名は胡桃のお）

公式サイト https://flora-apcumin.com

オンラインショップQRコード

金星人ミルトンの「女神革命」本番！
今度はわが家に「女神?!」がやってきた!?

第一刷　2023年6月30日

著者　胡桃のお（Cumin）
インタビュー　小笠原英晃

発行人　石井健資
発行所　株式会社ヒカルランド
〒162-0821　東京都新宿区津久戸町3-11　TH1ビル6F
電話　03-6265-0852　ファックス　03-6265-0853
http://www.hikaruland.co.jp　info@hikaruland.co.jp
振替　00180-8-496587

本文・カバー・製本　中央精版印刷株式会社
DTP　株式会社キャップス
編集担当　伊藤愛子

ISBN978-4-86742-269-4

会場・時間

◉ 2023年７月29日(土)　イッテル本屋　(飯田橋 TH ビル７F)

金星人ミルトンとお茶会セッション by 胡桃のお(Cumin)

13：00～14：30　【12名様限定×10,000円】

金星人ミルトン個人リーディング by 胡桃のお(Cumin)

15：00～15：40 ／ 15：50～16：30 ／ 16：40～17：20
17：30～18：10
【４枠限定／40分／16,000円】

◉ 2023年７月30日(日)　みらくる３F　(サンドール神楽坂ビル３F)

金星人ミルトンとお茶会セッション by 胡桃のお(Cumin)

13：00～14：30　【12名様限定×10,000円】

金星人ミルトン個人リーディング by 胡桃のお(Cumin)

10：00～10：40 ／ 10：50～11：30 ／ 11：40～12：20
15：00～15：40 ／ 15：50～16：30
【５枠限定／40分／16,000円】

◉ 2023年８月５日(土)　イッテル本屋

金星人ミルトンとお茶会セッション by 胡桃のお(Cumin)

13：00～14：30　【12名様限定×10,000円】

金星人ミルトン個人リーディング by 胡桃のお(Cumin)

15：00～15：40 ／ 15：50～16：30 ／ 16：40～17：20
17：30～18：10
【４枠限定／40分／16,000円】

◉ 2023年８月６日(日)　イッテル本屋

金星人ミルトンとお茶会セッション by 胡桃のお(Cumin)

13：00～14：30　【12名様限定×10,000円】

金星人ミルトン個人リーディング by 胡桃のお(Cumin)

10：00～10：40 ／ 10：50～11：30 ／ 11：40～12：20
15：00～15：40 ／ 15：50～16：30
【５枠限定／40分／16,000円】

お問い合わせ・お申し込み：ヒカルランドパーク
JR 飯田橋駅東口または地下鉄 B１出口（徒歩10分弱）
住所：東京都新宿区津久戸町3−11 飯田橋 TH1 ビル 7F
TEL：03−5225−2671（平日11時−17時）
E-mail：info@hikarulandpark.jp　URL：https://hikarulandpark.jp/
ホームページからも予約＆購入できます。

金星人ミルトンに
脳天チョップ、キンコンカン！
をもらいにいらっしゃい～

講師：胡桃のお（Cumin）

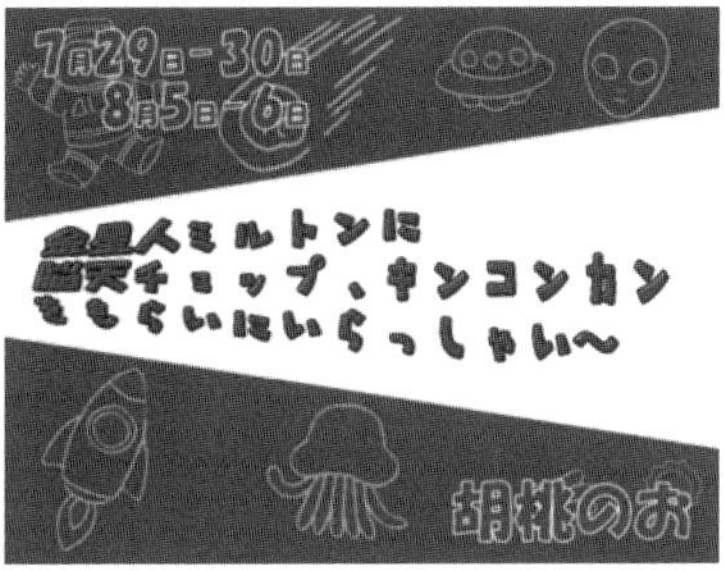

『わが家に宇宙人がやってきた!!』『金星人ミルトンの［女神革命］本番！ 今度はわが家に「女神?!」がやってきた!?』（新刊・2023年初夏発売予定）を上梓したミルトン直列胡桃のお（Cumin）さんによる待望のセッションです♪

金星人ミルトンとお茶会セッション（定員12名）ではそれぞれのグループに必要な脳天チョップ、キンコンカン！

そして一人ひとりに必要な 脳天チョップ、キンコンカン！　をお渡ししていきます。

楽しくも深～く心に沁《し》みる！　金星人ミルトンから、あなたを覚醒させるメッセージが必ずいただけます♪

さらに、金星人ミルトン個人リーディングでは、個々人により掘り下げられた脳天チョップ、キンコンカン！が降ろされます♪

動揺なきよう、心の準備万端でご参加下さいませ～。

参加者にはもれなく胡桃のお（Cumin）さん＋ビーワンのコラボ石けんをプレゼント♪

お茶会では皆で脳天チョップが効きやすいコンディションを作るために、ビーワンのトリニティーかぼく茶をご用意♪

林 弓紗　はやし ゆさ

酵素蘇生研究家

FTW 式酵素玄米の炊き方、味噌教室、FTW フィオーラの美顔法を広めて、現在（2023年）16年目に入り、のべ5000名以上にその魅力を啓蒙する。20代の頃、生死をさまよう子宮外妊娠から臨死体験をし、その時に「西洋医学では人は本当に健康になり心の底から幸せになる事は難しい」と考えるようになる。命が助かったことで「私は多くの方の役に立つ事が出来るのではないか」という強い思いを持つようになり、無理なく「自然と共存共栄」する地球にも優しいやり方で、多くの方に健康になってもらうための活動をはじめる。大愛の光を受け、関わるすべての方との魂を共鳴させるべく FTW を使ったお料理教室から美容健康法を伝授する講座など、幅広く活躍している。著書『FTW 使い倒しBOOK』（ヒカルランド）。

金美奈子　きん みなこ

ブレッシングメイク協会副代表

スピリチュアルメイクアップアーティスト

FTW 式酵素マイスター

エステセラピスト

37歳の時、普通の主婦からエステサロン経営者に。「女性を美しく、癒していく」ことを天職と感じながらも、外側からだけのケアに違和感を抱き、肉体（腸内環境）へフォーカスする腸活にのめり込む。2016年に『スピリチュアルメイク』と『FTW』に出会い、人生が一変。日本（世界）のおかしな仕組みの中、いかに健康を維持してカラダを守れるか、生き生きと若々しくエネルギーを保てるか（周波数）ということの大切さと、カラダに溜まった毒素を出していく必要性を FTW の活用を通して学ぶ。アンチエイジング、セクシャリティ、「感じる」を取り戻す成熟した女性性開花をテーマに、酵素玄米＆お味噌作り教室や世界でたった一つのメイクメソッド、ブレッシングメイク体験会やメイクレッスン、お茶会、セッションを開催している。

脳天チョップキンコンカン
特別お茶会

講師：林 弓紗×胡桃のお（Cumin）×金美奈子

FTW ディープユーザーの３人のコラボでお贈りするお茶会です。
FTW を使った美容法、酵素玄米の炊き方、腸活…etc.
ここでしか聞けない？！　FTW 活用法、波動が高まるような耳より情報をシェアいたします。
イッテル珈琲のコーヒー（苦手な方には紅茶）、お菓子をいただきながらの和やかなひととき、ぜひご参加ください。

日時：2023年７月28日（金）　14：00〜16：00
価格：7,000円
※少人数制のため受付を終了している場合がございます。
会場：イッテル珈琲（神楽坂 THE ROOM 4F）

お申し込み　ヒカルランドパーク HP
URL：https://hikarulandpark.jp/

お申し込み

胡桃のお（Cumin）
本書著者。p194をご参照ください。

会場 元氣屋イッテル（旧名：神楽坂ヒカルランドみらくる1階）※予定
東京都新宿区矢来町111サンドール神楽坂ビル1階

定員 10名

参加費 1,000円（税込、事前）

講師 大鷲香奈子（頭皮洗浄サロン「アルタイル」代表）

内容 座学（ビーワン＆トリニティーについて）

デモンストレーション（ビーワンオールインローションをモデルの頭頂部に塗布）

ワークショップ（天然水「アクアーリオ」を使ったセルフケア）

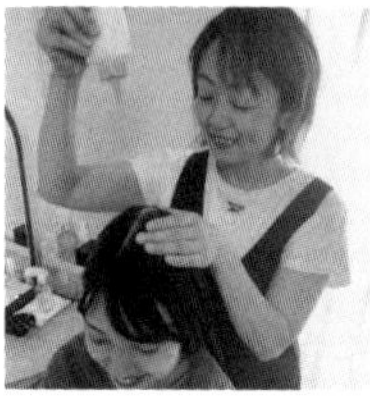

▽詳細・お申込みはこちらから（9月以降も開催予定）

https://kagurazakamiracle.com/event2/beone/

お申し込みはこちらの
QR コードから

何より驚いたのは、ミルトンさんにわが家に来た理由を尋ねたときに、「コレがあったからだ！」とビーワン・トリニティーを指さしたことです。
つまり、ミルトンさんにとっては、ミルトンさんが「ママ」と呼んでいた太陽と同じ、宇宙エネルギーの補給源だったのです。

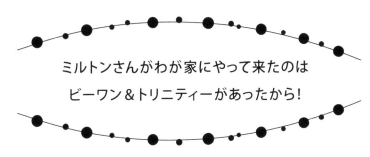

使い方無限で万能、電池も不要 FTW生活はこのプレートから!

FTWビューラプレート

■ 55,000円（税込）

●素材：FTWセラミックス　●サイズ：直径144㎜

●製造国：日本

※直火で加熱することで、プレートの色が稀にシルバーに変色することがありますが、品質や効果には影響ありません。

FTW製品を使うのは初めてという方は、多彩な使い方ができるこの「FTWビューラプレート」がオススメです。六角形（六芒星）、五角形（五芒星）といった神聖図形をあしらった形状が宇宙と共振し、宇宙エネルギーとも例えられる電子を集めて遠赤外線を超える周波数を放射します。以下にあげるように、さまざまなシーンでその効果をご体感いただけるでしょう。

こんなにある！　FTWビューラプレートの使い方

①調理の際に、お鍋や電気釜の中に直接入れて酸化・糖化を抑制

②料理と一緒に電子レンジへ投入しておいしさアップ

③飲み物、食べ物をプレートの上に置いて電子の作用でおいしく

④発酵食品をつくる時に、一緒に入れる（微生物が宇宙エネルギーと共鳴）

⑤椅子や車の座席に敷いたり、お腹や腰に巻く（プラスに帯電した箇所がマイナス電子により還元）

⑥お風呂に入れて温泉のように温まるお風呂に

⑦植木鉢の土の上に置いて成長を促進

FTWを使った抗酸化・抗糖化を検証

マーガリンを溶かした鍋を煮詰めた結果、「FTWビューラプレート」を入れた鍋（左）は酸化が起こらずマーガリンは透明のまま。一方、「FTWビューラプレート」を入れてない鍋（右）はマーガリンが黒ずんでいきます。

白砂糖を溶かした鍋を煮詰めた結果、「FTWビューラプレート」を入れた鍋（左）は糖化が起こらず白砂糖は透明のまま。一方、「FTWビューラプレート」を入れてない鍋（右）はカラメル化して黒ずんでいきます。

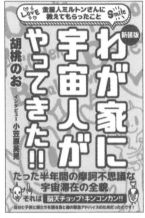

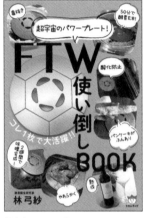

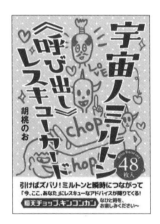

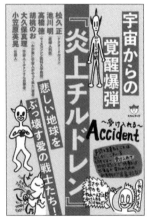